虐待と尊厳

子ども時代の呪縛から
自らを解き放つ人々

穂積　純　編

高文研

『虐待と尊厳』——目次

■この本のなりたち■……穂積 純 1

［子ども時代から自分を解き放つ］

◇旅立ち……しずく 13
◇あの日々からの脱出と再生……森生 柳 19
◇自分探しの旅——世代連鎖を断ち切るために……秋野菜穂子 49
◇二〇世紀に追悼を……田中 一進 69
◇私にとって本当のこと……鮎見 時子 87
◇魂の成長とともに……郷 照葉 109

◇あきらめない瞳……福山さくら 121
◇それでも私は回復する……みなも 147
◇盲目の少女との対話……水沢有子 171
◇僕の前に道はある……真木真人 219
サバイバーに学ぶ……石川義之 237
「森」のこれから……穂積純 257

装丁＝商業デザインセンター・松田礼一

■この本のなりたち■

穂積 純

この本は、「森」と名づけられた活動から生まれたものです。

私の子供時代は健全なものではありませんでした。

私の場合は実の兄からの性への攻撃でした。特殊な例外と見えるかもしれません。けれどそれは児童虐待と性犯罪の両面を持ちます。その意味で、体や心への虐待を受けた人たち、女性だけでなく男性も、また一見虐待と見えなくても健全な世界観を子供時代に受け取ることができなかった人たちの、その後の苦しみとも共通するだろうと予感していました。

その後、後遺症に苦しむ日々から新たな人格と人生を生み出していったプロセスと学びを、『甦える魂』（一九九四年、高文研刊）と『解き放たれる魂』（一九九九年、同）という二冊の本として出版しました。

出版後、たくさんの人たちからお手紙をいただきました。

お手紙をくださったのは、やはり性虐待を受けた人たちだけではありませんでした。幸せそうな子供時代だったが何かおかしかったという人たちから、実の父親からの性行為そのものを強いられた方、この問題に寄り添いたいと願う人たちまで本当に多様な方たちでした。

お手紙をくださった方たちに、つながるための場を作りたいのですがと呼びかけたのが一九九五年七月（「森」について詳しくは『解き放たれる魂』に書いています）。

一六人の方から返事があり、その八月にニュースレター一号（のちに「つぅしん森」と名づけました）を出し、二〇〇〇年八月には一三号まで進みました。

この原稿を書いている二〇〇一年七月現在で、第一号の申し込み者は三三二人、一三号までの参加合計延べ人数は一、四三六人です。


私もはじめてのことで参考になるものもなく、伝言板のような形でスタートし名前もなかったのですが、やってゆく中でやがてこの活動に私は「森」という名前を付けました。

すべては自分の内にあるという私の考え方の基礎を作ってくれたのは、自然農法との出会いでしたが、「森」を始めるにあたっても、心の一番奥にあったのはある有機農法のお百姓さんでした。

その頃まだ私は自分が傷ついていることも知らず、苦しくてただやみくもに走り回っていて、そういう中で有機農法に興味を持ちました。

その方は私を自宅に泊め、畑に連れて行ってくれました。見たことのない畑でした。トマトやきゅうりなど夏野菜の畑が草だらけなのです。

「草は抜かないんですか」と尋ねました。

「なんで抜かなきゃいけないんだ。これは肥えた土にだけ生える草だよ。邪魔をするわけではない、（ほかの雑草がはえないための）マルチの役割もしているんだ」

そう言ってからそのお百姓さんは、山を見てごらんと指さしました。

「山の草木は人間が手入れをしなくても立派に育っている。なぜだか分かるかね」

私には考えてみたこともないことでした。

「いろんな種類の木が生えているからだよ」

その方はそれだけ言いました。


その時まで、私は例えば一面の水田風景を美しいと思っていました。今でもやはり美しいと思います。それでもこの時から、人間が作る一種類だけの風景は美しいけれど、自然の目から見ればそれは不自然なのだという目を持つようになりました。

山にはいろんな種類の草や木や、動物や虫や微生物などの命がいて、それが自然なことで、違うからこそお互いにおぎあいながらバランスをとって自ら育っている。

私は、多様性ということをとても大切に考えるようになりました。

ですから「森」の大きな特徴の一つは、その多様性にあります。

どんな人たちが参加していたかを見ただけでも、それが分かってもらえるでしょう。

一般に児童虐待と呼ばれる、子供時代に心や体、性に攻撃を受けた人たち。また放任、ネグレクト、宗教団体での特殊な子供時代に苦しむ方もいました。性を犯されたという人たちにも、その犯人がいきずりの男、近所の男、クラスメイト、親戚、おじ、いとこ、兄、継父、実父。また女性だけでなく、性を犯された男性たちもいました。

この問題に寄り添いたいと考えている人たちにも扉を開きましたから、弁護士、医者、教師、神父、カウンセラー、電話相談員、研究者、傷ついた子供を持つ親や大学の研究課題として関わった学生、高文研代表や転送担当の方も読んでくれていましたから出版業界、韓国の活動グループにも送っていました。

沖縄から（沖縄からの申し込みがあったとき私はどんなに嬉しかったでしょう）北海道まで、年齢も一〇代から六〇代、皆さんスタートした時期も、また自分の声を聞いて自分のペースでの毎回申し込み制でしたから、進むスピードもみな違う。

また被害を受けた人たちと「それ以外の人たち」は、お互い対等に学び合う立場でしたから、確かに自助グループとしての一面も持っていましたが、私は「森」をたんに「自助グループ」と定義づけたくはありません。その関わる思い、学びの姿勢によって違って見えていたはずです。

この本もその「森」の特徴を反映して、多様性の海のように見えるでしょう。

混乱感を覚える人もいるかもしれません。

決死の思いで自分を語っても、「だれでも苦しみを持っているんだ、みんな同じだよ」と切り捨てられる絶望を多くの方が体験しています。

また「違いを見てはいけない、比べてはいけない」と指導する治療専門家たちが多いことも聞いています。

体の怪我や体の病気なら、的確に対応するためにその違いを正確に見る。

それなのに、どうして心に関しては、違いのあることを、その違いをきちんと見ることを、根本から否定しようとするのでしょう。

違いをきちんと正確に見ないで、いったい何が生まれるのでしょう。

けれど同時に、その多様性を数多く見てゆくと、その奥に普遍性があることも見えてくる。それぞれの人にとって、その痛みや傷は比べようもない絶対的なものであるでしょうが、その奥には普遍性がある。山に登る道は一つではないけれど、一合目、二合目とあるように。

だからこそ「森」では違う痛みを持つ人たちが、お互いおぎあいながらつながりあい成長しあってこれたのです。

そして傷の部位や深さやその質、またその人のもつ資質、その後の出会いが違えば、回復の在り方もやはりそれぞれに違う。

そして、違っていながら、やはり回復にも普遍性がある。

初めから違うことを前提に、その違いと普遍性をきっちりとみる複眼の目。

それがない限り、回復を願う人たちはさらに混乱し、一緒に歩みたいと願う人たちもその思いと反した結果を生み出すことになるでしょう。

私は、虐待を次のように考えて、多様な人たちと一緒に歩みたいと思いました。

英語ではabuseですが、それを分解してみると私は分かりやすかった。

「ab-use」。このuseはもちろん使うという意味です。abはアブノーマルのアブ、つまり異常とはノーマル（正常な状態）からずれた、逸脱したという意味です。ですから時間をアビューズしたとか、麻薬をアビューズしたという使い方が英語にはあります。時間を虐待した、麻薬を虐待したでは意味が通じません。

つまり児童虐待とは、誰が見ても暴力的な子どもへの攻撃だけではないのです。

SURVIVORという時（サバイバーという言葉は一般に性虐待を生き抜いた人をいいますが、それ以上の意味を持たせるためにあえてこのように表現しました）、それはつらすぎる子供時代を生き抜き、それから回復しようとしている人たちという意味で私は使ってきました。

この本を作ろうと思ったのは、なによりも「森」の人たちの美しさを知って欲しかったからです。

「森」は毎回申し込み制で、また「つうしん森」を送っていい人かどうかそのたびに私が見ます。そういう意味で基本的には閉じた世界です。

ですから「森」以外の人たちに知ってもらうには、本の形をとる必要がありました。

ここには、児童虐待とは何か、そのあと何が起きているのか、後遺症とは何か、回復とは何かがぎっしりつまっています。

さらに言えば、児童虐待の後遺症の本質は「自己の不在」であり、これは実は「他者の不在」「外界の不在」でもあります。

それは、現在の虚無そのものではないでしょうか。

そういう意味で、私たちの声は虐待を受けた一部の特別な人の発言ではなく、虐待を受けた側から見える「子供とは何か、子供時代とは何か、回復とは何か、人間とは何か」を語る普遍的なメッセージです。

現代の虚無、「生きている実感がない、自分が何者か分からない、他者や社会と関係が持ちにくい、生きる意味が分からない」などの思いは、まさに私たちが生きてきた世界であり、私たちはその中でも全的に生きることを体現してきた先進的な人間たちだと思うのです。

そして、私たちの美しさそのものが、社会への告発であり連帯への呼びかけです。

なぜなら、私たちが持つ美しさとは、文字どおり人生をかけ、時には命そのものをかけた痛みとの闘いとひきかえに手にしたものですから。

なぜ私たちは、ここまで苦しまねばならなかったのでしょうか。

なぜ放置され、無視され、否定され、差別されねばならなかったのでしょうか。

これほどの力とエネルギーと知恵と才能と年月を、もっと創造的なことに使いたかった。その無念の思いとひきかえの美しさと賢さ。

そのこと自体が「社会への発言」だと思うからこそ、この本を作りました。

この本は、それぞれの人生をかけた長い闘いと、「森」とが交差する日々の中から生まれました。ここに発言している人たちは一一人ですが、その奥には「つうしん森」で発言してきた多くの方たち、「森」を安全な場だと感じながらも発言しようにもできなかった多くの方たちの深い悲しみや闘いや美しさがあり、それこそが、この本をここまで高めた力です。

実は出版社は、虐待がもたらすものとそこからの回復の道筋を、分析整理する総合的なものを私に書くようにと考えていました。私もいったんは同意しましたが、アメリカから帰って改めて書き直された全体を読ませていただいたとき、それはとうてい書けるものではない、書いてはいけないと思いました。それが私のこの本への賛辞です。

どうか、この本を読む一人一人の方が、それを読み取ってくださるようお願いします。


SURVIVORとは何かということに、私はいま次のように付け加えたい。

私たちは、人生そのものをかけて回復する主体。

その痛みと孤独ゆえに、深く生きる人、出会う喜びを持つ人たち。

自分という一人の人間を救い、そのことによって親たちから伝えられた時代連鎖の苦しみを断ち切り、自分からはじまる子どもや子孫たちにより健全な人生を手渡し、回復を歩むためには必然的に周囲や社会をも変えてゆく。

痛みとひきかえに崇高な使命を持つ人たち。


残念ながら、これからますます子どもが健全に育つことが難しくなるでしょう。

悲しい事件を耳にするたび、また自分たちのような悲しみを持たされる子どもがと私たちの多くは歯ぎしりしています。

私たちを、たんに無力で救うべき気の毒な人たちとしてではなく、その奥にある、それでも生き抜こう、回復しようとする生命力の強さを見てください。

そのとき初めて、この問題に関わろうとする人たちと私たちは、なすべきことのために本当に手をつなぐことができると思うのです。

子ども時代から自らを解き放つ

旅立ち

しずく

［編者・注］「森」にはさまざまな方がいろんな思いをもって来られます。

この本も、そこから始めたいと思います。

これは、ある男性からの最初の申し込みに添えられていたお手紙です。

回復を歩む力を持った方だと確信したのですが、その個人的なお手紙を今回この本にいただけないかとお願いしたのは、なぜ「森」に男性を迎えるか、性虐待に限定しなかったか、「私たちは美しい」ということがどんなことかが分かってもらえると思ったからです。


私は二〇代の男性で、妻と娘が一人います。どうして穂積さんの著書と出会ったのか、私の置かれている環境も含めて少し説明させてください。

私には妹が二人います。その下の妹（現在、大学四年生）が、昨秋、ある告白をしました。自分は摂食障害である、と。何か心にもやもやがあると、ひたすら食べて、そして吐くのだ、と。

恥ずかしながら、私はこの時まで、興味半分の知識では知っていても、具体的な症状や、ましてやこんな状態に追い込まれた人たちのつらさまでは知りませんでした。そのつらさに、誰一人うちあけることもなく（唯一うちあけた精神科医に彼女は絶望させられたのです）、三年間、妹は耐え続けたのでした。家族として気づいてやれなかった申し訳なさに、私はとことん、この妹とかかわろうと決意します。そして自分なりに本を読んで勉強し始めるのですが、『子どものトラウマ』（西澤哲著・講談社現代新書）という本に、穂積さんの著書――『甦える魂』と『解き放たれる魂』が紹介されてあったのです。

勉強を進めるうちに、ある一つのことがわかってきました。摂食障害というのは、家族関係の病理にすごく関係が深いということ。そして、その同じ病理を持つ家庭の中で私自身も育ったのだということ。妹がかかえてきた生きにくさは、私自身も感じ、見て見ぬふりをしてきたものだった、ということでした。つまり妹は、摂食障害という我が身を張った表現で、自分の家庭の病理を告発し、私にも、自分の生き様を省みろという課題をつきつけたのでした。

もう一つあります。私の妻は小学生になってからのことですが、アルコール依存症の父に虐待を受けながら育ってきました。そんな環境にめげず、けなげに、本当にけなげに、今まで「生き残って」きた者です。しかし、その生き残る過程で身につけてきた生き残るための術（とくに人との関係の術）を、今でも引きずり、かえってつらい思いをしています。

例えば、私と妻の間には、もうすぐ三歳になる娘がいます。この娘がわがままを言ったり、泣いたりする時、むしょうに憎らしく思える時があるといいます。そして、娘にぶつける言葉や態度が、父親が自分にしてきたそれと同じことに気づき、がく然とするといいます。

妻は父親から受けた虐待に対し、まだ健全に反応した方ではないかと私は考えています。それは、相手をしっかり憎めた、ということ。それによって自分を、あるいは母親や妹を守ってくることができました。しかし、その「憎む」という癖が、本来憎まなくてもいい者に対してまで働いてしまうのでしょうか。そのことで一番苦しいのは、妻自身です。しかも、その「憎しみ」の表現方法が父親と同じだということが、二重に妻を苦しめています。

私のまわりには生きづらい人が多い。そして私自身も何か生きづらい。何より私自身が解放されたい。そして私の力が及ぶのなら、私に関係のある人が一人でもその人のつらさから解放されるのを手伝ってあげたい。また強く願うのは、私の娘に、親の生きづらさを引き継ぐことを避けたい。こんな思いを持ちながら読んだ穂積さんの本でした。

私の家族に明白な虐待があるわけではありません。しかし、前出の『子どものトラウマ』でも説明されていることなのですが、「虐待」の原語〝ａｂｕｓｅ〟は、「不適切な使用」というような意味だそうです。その意味からいけば、当てはまることが多々ある家庭です（ここでは長くなるので省略しますが）。そして、妹にも私にも共通してみられる症状が、穂積さんのおっしゃる「自己不在」なのです。もちろん虐待の程度からいえば私の方はごく軽いもので、穂積さんと比較するべくもないのですが、症状が本当によく似ている。虐待の種類は違っても症状は似てくる、という穂積さんの指摘はその通りだと思うし、二冊の著書はそれゆえに普遍性を持つと思います。

私がなぜこうしてペンをとっているのか。何かに突き動かされるように、というのが正直なところです。が、これでは言葉が足りないので、もう少し書きます。

まず、穂積さんの著書に、私は心底感動しました。現在の穂積さんが求めておられる「葉を広げる」ということを考えるに、「感動を受けた者が、確かにここに一人いる」ということをお伝えするのは、感動を与えてもらった者の、感動を与えてくれた方に対する最低限の誠意だと思ったからです。

しかし、理由をこれだけにしてしまうことは偽善です。この手紙を書く動機には、まったく私の個人的な欲求があります。これまで書いた、私の個人的な状況について、人にはなかなか話せません。しかし、自らあからさまに自分の姿をさらけ出してくださった穂積さんを得て、私も初めて人に自分のことを語る気力が起こったのです。そして人に語るということは、私が必要としていたことでした。

さらにもう一つ、手紙を書こうと突き動かした理由があります。そのことについて、もう少し書かせてください。

私は縁あって、曹洞宗のある寺院の老師と親しくさせていただいております。私の小さい頃から、この老師に生き方を教えていただいてきたのですが、いまだろくな人間にはなっておりません。師はつねづね次のように説かれていました。「仏はあなた自身の心の中にいます。あなた自身が仏ですよ」と。この実感を、私はなかなかつかめないのです。

一方、長年の格闘の末、穂積さんが至った心境は次のようなものでした。「自分が闇にいた時、どこからか光が差してきた。その光がどこから差してきたのか。実は闇の中にあって光はもうすでに、自分の内側にあったのだ！」

この結論に、私は身が震えました。人は突き詰めると、本当にこんな境地に行き着くのだと。しかも独力で。

穂積さんが信じておられる宗教を聞きもしないで勝手なことを書くのは失礼なことかもしれません。しかし、老師の説く「仏」が何か真実の象徴だとしたら、それを「光」として実感された穂積さんをうらやましく思います。

人は自分で自分の光に気づくことができる、こう穂積さんが断言してくださることが何よりも心強く、私の支えとなります。このことがうれしくてペンを執らせていただきました。

おせっかいかなと思いながら、私の師が書かれたものを同封しました。私はこの師の文章と、穂積さんが二作目の三一六ページから書かれているコスモスの話とを重ねて読みました。人は本当に一人ひとりが花なのでしょう。私はまだ様々な問題を抱えていますが、自分の「いのちの花」を大切に育んでゆきたいと思っています。

それでは長々と勝手なことを申し上げてきました。部外者かもしれませんが、よろしければ「森」のネットワークに参加させてください。

あの日々からの脱出と再生

森生　柳

気が付いたら、長いトンネルを抜けていた。

それまでの冷たい石の刺《とげ》が足に突き刺さっているような、居場所のないような日々。そう、子供時代の生け贄であった日々は今も腰に刺さっている。その毒の刺を一つ一つ書いていこう。

三歳か四歳の夕方だった。私は左手をガムテープでぐるぐる巻きにされ、二本の脚を外の樹にひもでつながれていた。無理やり左利きを矯正しようとしたのだ。

それが、物心ついてからの最初の記憶。

と言っても、こういう記憶を自分と直面するまでは、おぼろにしか思い出せなかった。ただ、その頃の自分はブイのない筏のように、ゆらゆらと揺れていたような気がする。

両親（以下、女親をM、男親をHとする。現在は全く無関係である）は、「下の子は幼くて不慣だから」と、私に臆面もなく言っていた。

じゃあ、上の子は不憫じゃないね。いくら殴ってもよいということだね。不憫じゃないんなら産まなければいい。

頭の回転の良い「大きいお姉ちゃん」は、格好のスケープゴートだった。同じ事をしても殴られるのは私だった。顔に何度も痣《あざ》を作った。理由はたいしたことではなかった。例えば、チャンネルの奪い合いのような、単純なことである。

相次ぐ苦痛のなかで、〈この程度のことでどうしてこんなことされるんだろう、おかしい〉と私は感じていた。殴る側の意地の悪い支配する喜びのようなものが、深く伝わってくるのだ。おかしい。〈しつけじゃない〉

妹が殴られる時は、必ずどちらかが庇うのに、私はそうではない。

こんなことがあった。家の中でビニールのボールを転がして遊んでいた時、誤ってHの足に触れた。

「父親を蹴飛ばすとは!」

ビンタが顔中にとんだ。私はそのつもりは全くなかったことを一生懸命説明したが、「よけいなことをいうな。親を蹴飛ばしたんだ、お前は!」顔と頭、お尻が真っ赤に腫れた。

後年、妹がへらへら笑いながら、「えい」とHを蹴飛ばしたことがあったが、Hは「よしよし」

と彼女を膝に載せたのだ。違いすぎる。私が何をしたというの？

この頃、Hは実家から借金して自営業を始めた。夢だけは大きかったHにとって、これは屈辱だった。私を殴ることで、その不満を紛らせていた。だからMは庇わなかった。火の粉が降りかかるのを避けたかったのだろう。

スケープゴートの思い出は数限りない。幼稚園でいただいた犬の貯金箱をHが、私が店から盗んだと誤解し取り上げたばかりか、散々殴ったこと。クラスメートに借りた絵本を妹に貸さなかっただけで、Mはびりびりにひきさいた。

一やると十還ってくる。小学校三年の時だった。

家の前で妹を自転車の荷台に乗せていた時、後ろで急に妹がふざけだした。バランスを失って転倒し、右手が突然熱くなった。横倒しに落ちた。何が起きたのか一瞬わからなかった。妹の泣き叫ぶ声が遠く響いた。

痛い。右手指四本に大きな傷を作っていた（それは今でも残っている）。手と膝が血まみれ。玄関から両親が飛び出してきた。「どうしたの！」近所の人も、みな妹を介抱しに行った。

妹は無傷だった。私は独りで家に入った。血をぽたぽた垂らしながら。

このとき味わった、足元がなくなっていく感触――自分の場所が本当はなかったことを思い知らされた、私の存在が丸ごと否定されたことは、そのまま私の心の眼に見えない視界を作ることになった。

「ここに居てはいけないのだ」

確実に切り離され、ぽっかりと冷たい場所に繋がれた私。


ちょうどその頃、秋頃だっただろうか。

なかなか寝付けなかった日があった。二階に上がって来る足音。Hだ。

蒲団の方に来る。そして、顔を近付けた。

なにかぬめっとしたものが私の唇にあたった。

Hの唇だった。

そのとき心の奥底でたまらなくおぞましいと感じながらも、「たいした事じゃない」と感じようとしていた。なぜだったのだろう?

翌朝、何事もなかったふりをした。


私は独り遊びが大好きだった（今もそうであるが）。

自分たちの「一戸建ての家」という張りぼてのコロニーを作るという自己満足のために彼らは懸命であったから、にこにこ独りで嬉しそうで、「一緒に居たがらない」私は、不愉快な存在だったろう。

父方の祖母（ほとんど面識がなかったのだが）の通夜の時、一人で本を読んでいたら、Hが従兄弟たちのいる所に無理やり引きずっていき、私の顔を思い切り殴った。

「皆と一緒に遊べ！」

私は何も悪いことをしていない。

「俺の大事なおふくろの葬式だというのに、なんだその態度は！」

大声でふざけたわけでも物を盗んだわけでもなく、読書していただけだ。後年問いただしたら、「お前が関係ありませんと涼しい顔で、独りで楽しい顔をしているのが許せなかった」とほざいた。

読書に「暴行」するのだ。

このように、彼らから拒絶されていたというのに、その頃の私は「成績のよい家事の手伝いをよくするいい子」をやっていた。

愛されたかったのだ。私に対する「親の愛」が条件付きであるのを感じていたから。

しかしその頃から、Mの作る食べ物を拒否し始めた。本当は食べたくない、嫌いなのに、美味しいと口だけでは言っていたが（言わなければならなかった）、生まれついてからMの出すものを美味しいと感じたことはなかった。口に入れないと殺されるから、入れていただけだった。

Mは異様に食べ物にこだわった。そう、食べさせること＝餌づけ。自分の手下、配下にするために。残すと、ぞっとするような視線を私だけに浴びせた。そのあと必ず、「親の作ったものも食えないのか！」と殴られるのだ。

生まれながらにネグレクトされたM（母親が彼女を置いて離婚している）にとって、子供＝はじめての自分の手下、が餌を拒むことは、自分の存在を脅かすことなのだ。

私の餌に毒を入れている。体に入れたくない。私は拒食症になった。

自分たちに原因があることを全く考えず、「自分たちが治す」とばかりに、彼らは私の口に白いご飯を突っ込んだ。詰めないと殺される。美味しくない、要らないのに。仕方ない。

その頃の夢は、東京都内の私立高校に行くことだった。少しでもこの窒息するような場所から離れたかった。

しかし、お金がなかったのが最大の理由だろうが、一番行きたくなかった、そこだけは嫌だった県立の女子高校を受験させられた。

あんなに努力したのに、少しは幸福になれると思ったのに、結果はこれだった。私は勉強するのを止めた。結局こいつらの虚栄心を満足させるだけで、私は何ももらえやしないのだから。

成績は落ちたが、気持ちが楽になった——と言いたいところだが、「いつも一生懸命働きなさい」と、Mの背中が迫ってくる。楽しいこと一つないのに？

この頃から、お風呂に入るたびに必ずHが来るようになった。「洗濯物を入れる」「歯を磨く」などの理由だが、なぜ、私が入っているときに来るのだ？

「気持ち悪いからやめて」と言ったのだが、「親」だから娘にそういうことを感じないのだ、とやめなかった。本当の「親」ならそういう時は来ない。裏を返せば「そういうこと」を感じるからこそ、そう弁解せざるを得ないのだろう。

「いつまで入っているんだ？」

わざわざガラス戸を開け、入浴しているところを覗く。

そしてあの事件が起こった。

高校一年の夏休みのことだった。暑い日だった。

ロングTシャツ一枚でうとうとしていた時だった。Mは居なかった。

Hが出先から戻ってきた。

寄ってきた。そしてパンツを下ろし、（そのとき横向きに寝ていた）私の性器を見た。指があのあたりをまさぐっている。

何が起こっているの？　怖い。気持ちが悪い。

わざと寝返りを打ったとき、Mが帰ってきた。

気持ち悪い。吐きそう。でも、たいしたことじゃない。忘れなきゃ。考えちゃ駄目。

小三の夜の出来事以来、どこか自分がぽっかりと浮いているような、自分が自分でないような感じがしていた。その時から、その感覚はいっそう強くなった。自分の判断に自信が持てなくなってしまった。

その頃から、原因不明の偏頭痛が起こりだした。左利きを無理に「矯正」されたから、脳に歪みが出ているのかもしれない。いっさいMとHを無視して、左利きに戻したい。私自身の生まれついてのものを取り戻したかった。

完全に元に戻るのに半年かかったが、やりとげた。

その頃、ささいなことで妹と喧嘩した。Hが割って入ってきた。その頃はすでに妹の方が体格は良かったが、私に柔道の技をかけた。パジャマの前がはだけた。Hが胸をまさぐりだした。

「強姦される!」と大声でどなった。

さすがにやめたが「お前が悪いのだ」と顔を殴った。これは「しつけ」ではない。娘を犯し、暴力をふるっている。

絶対的に力の弱い娘に柔道。それも快感をもちながら。人間として最低。なんていやらしく卑劣な男なのだ。

Mは何をしていたのだろう? 確実にHが私の乳房をまさぐっているのを見たはずなのに。

その後、家を出るまでは熟睡をしたことがいっぺんもなかった。寝ると、いつHがくるかわからないから。

なんとか大学を卒業はしたが、本当は離れたい、切りたい、と思っていても、すぐ一人暮らしを始められなかった。愛情が欲しかったのだろう。

しかし独立した時、ここは私だけの空間なんだ、と、心から嬉しかった。

それからしばらくたって、現在はかなり難しいとされている二つの資格を一回で同時にとったご褒美に、彼（今いっしょに住んでいる）がシンガポールに連れて行ってくれた。夜遊びに疲れて、泊まっていたグランドハイアットのカフェで、コーヒーとマンゴーを注文した。美味しい。初めて食べ物を美味しいと感じた。

それまで、食べ物なんていい加減で充分、だと思っていたのに。なぜ今まで美味しく感じなかったのだろう？

職場にも恵まれ、忙しかったが充実していた。

働いたお金で真珠のネックレスを買ったときは嬉しかった。しみじみ、離れてよかった、と感じた。

彼と同棲することにした。Mがしがみつき続けた「妻の座」というもの、誰かに従属することを表すものは私は要らない。一生、誰かと恋人同士でいたい。一緒に暮らすようになって、危うく枯れかけていた植物が水と光を取り戻し、またすくすくと芽を伸ばすような実感があった。そう、「虐待」は、親の自己都合で、本来彼らが考える条件とは違うものが合う子供が、適さない条件を与えられ、魂が枯れていくことでもあるのだ。

一年過ぎた頃から、独立してからすっかり止んでいた偏頭痛がまた起き始めた。一五歳ころからのアトピーが全身に拡がりだした。いつもいつも痒くて、頭が痛い。後頭部がずきずきする。皮膚科に行ったが、結局ステロイド剤と痒み止めを処方されて終わり。心療内科では、胃薬を処方されただけだった。ステロイドの腎臓に対するダメージが怖いので、出来るだけ使いたくなかったが、顔中に炎症が出た。仕事を辞めた。

深呼吸で少しは頭痛が紛らせるだろうか？

すると、MとHの鬼のような表情がくっきりと脳裏に浮かんできた。

これだったの？

こういう状態になるまで、私は少女期に押された烙印の数々をほとんど忘れていた。ただ、働いていた頃、仕事と海外旅行と買い物、夜のクラブ遊びに取り憑かれていた。それ以外は何も考えたくなかった。

あれは何故だったのだろう？

私は、自分が何かから逃げまわっていることを知っていた。その「何か」は、これだった。図書館やインターネットの情報は錯綜していた。自分にあてはまるようで、決定的な何かがずれているのだ。過去の封印を解き始めた。

私は、深呼吸しながら、浮かぶ映像をつかまえ、書くという方法をとった。これはとても痛い作業だった。当時の殴られた痛みと風景が体に実感となって蘇ってくるのだ。書きながら何度も叫びたくなった。それに、顔の炎症が痒く、辛かった。

彼に、「こんなでも私が好き?」としょっちゅう聞いていた。

「いつかは治るさ」

食生活に注意（野菜と果物や野菜ジュースを多く取り、肉類と甘いものは控える、という単純なものだが）するようになったこともあり、作業は非常に辛かったが、少しずつアトピーは良くなってきていた。

そして苦痛と同時に、「わたしがここにいるという感覚」を実感し始めていた。「苦痛を感じているわたし」が「今ここ」にいるという感覚。

生け贄であったことが見え出したのも辛かったが、何かもっとコアになることが思い出せない。何なのだろう？　わからない。暗く冷たい海を目印もなく彷徨っているようだった。「性的虐待」「近親相姦」いやに目に付く言葉だ……。

おかしなことだが、そんな状態になっても私は、Hのした「あのこと」を呼び起こせず、過去の虐待が体の奥深く突き刺さっているというのに、半信半疑だった。いや、認めたくなかったのだろう。過去の地獄を認めたくなかったのだ。

裏を返せば、私も「幸せな家族幻想」にとらわれていた。

父と母がいて、郊外の一戸建てで妹がいる、「あたたかな」家庭。

実際はそこが地獄そのものであり、生け贄にされていたこと、根源まで犯されたことを認めたくなかった。

「家族」とは何なのだろうか?

人間以外の動物は子供が成長すると全く関係ないもの同士になってしまう。「血縁」というコロニーをつくるのは人類だけである。

大昔、火を起こせるようになるまで、人類は毛皮も爪も牙もない、弱い一種族に過ぎなかった。「群れ」を作り、外敵から身を守ることが生き残りの必須要件だった。

最初の構成員となるのが「子供」である。使い勝手の良い支配下におくためにどうすればいいか？　生存本能には「快感」が必ず伴うから、まずは授乳に始まる「餌付け」。食欲という快感を満たすのは「親」であるという刷り込み。

子供は
　親＝エサをくれる人、
　　逆らったら飢え死に
と認識する。
次に、「親」は自らのコロニー＝自分の生存のために作成した群れの構成員を調教する必要がある。その調教＝「愛情」（実際には支配のためのエサ）（親の無意識の中では）自分の支配下にある奴隷なのだから、不満解消の道具にして当然であろう。また、自分に都合の悪い構成員は群れの外に出さなければならない。そのための行為が虐待であったり、精神的あるいは肉体的な近親相姦なのだ。
このコロニーは人類生存のために非常に有益で、それが連綿と続いた結果、「家族＝幸福という幻想」が刷り込まれたのである。
Hはいつも、
「何もかもお前のせいだ」「俺は本来こんな仕事をしてるんじゃないんだ。お前たちのためにやってるんだ」
と言っていた。八つ当たりだ。だったら初めから家族を持たなければいいのだ。
この男も「家と家族を持って一人前という幻想」の犠牲者ではある。楽しそうな顔を見たことは一度もない。

それにしても、わからない。ぴたっとするものがない。

そして、ふと立ち寄った書店で出会ったのが、『甦える魂』だった。まさに、これだった。

どうしても思い出せなかった（思い出したくなかった）「あのこと」。環境や加害の形は違っても、この本の著者と「コア」があまりにも共通している。

小三、高一、高三の時のあのこと。

現実だったのだ。


それまで半ば夢のように、この程度の「いたずら」はどこにでもあるのかも（これは加害する側からの洗脳）と、「たいしたことじゃない」と思い込もうとしていた。しかし、いつも頭の片隅に小さな洞穴があるのを、私は知っていた。立ち入らないようにしていただけだ。

そういえば、私は子供の頃から、自分をなぜか「穢らわしい存在、ここにいてはいけない存在」だと感じていた。

生き残るためには辛すぎる事件であったから、こころの底に押しやっていたのだろう。しかしこれは深い傷だ。何とかしなければこれから生きていけないだろう。

無意識が、「何とかしようよ！」と叫んだのだ。

それが、アトピーや頭痛、無気力といったはっきり目に見える形であらわれたのだ。彼に話してみた。

「お前は何も悪くないし汚れてもいないだろ」

客観的に考えればそうだってわかる。でも、私は汚いのよ。お腹と喉と腰の辺りに、べっとりとヘドロのようなものがこびりついてる。発酵して、ガスが脳を蝕む。大きな棍棒がいくつも突き刺さったまま。

気持ち悪い。苦しい。息が出来ない。それでも私は『甦える魂』を読み続けた。

これだけの苦しみの中ではあったが、確実な自分が「在る」のだ。それは、生まれてから一度も味わったことがなかった感覚だった。

とにかく、Mに話してみよう。電話した。

「あのね、お父さんがね……」

「あのこと」を打ち明けた。わかってくれるだろうか?

Mは一瞬押し黙ったが、

「そんなことは無いでしょう。もしあったとしても…………それはあなたが可愛かったからよ」

と言って、そのあと「用がある」と、そそくさと電話を切った。

完全に母を、失った。「永遠な母なるもの」も幻想だった。

もしかしたら、わかってくれて味方になってくれるかも。ワラにもすがるような気持ちで電話したのに――――――――！！！

今度こそ本当に一人になってしまった。家族は跡形も無くなった。

復讐するしかない。

まずは市役所だ。分籍届を出す。

「分籍すると、ご両親の戸籍には家庭裁判所の許可がないと戻れませんが……」

私は切りたいのよ。さっさと書類を出してよ。

切れば、少しは身体中の痛みが取れるかもしれない。

手続きが一種の儀式だったのかもしれない。もう関係ないことの「証」が出来たことで、少しだけ楽になったのは確かだ。

しかし気持ちの上では、そうはいかなかった。

Mに切られたことで、いっそう身体感覚の蘇りが強くなっていた。

痛い。痛い。痛い。冷たくおぞましい私の身体。

彼は黙って傍にいてくれた。それだけが救いだった。

MとHにきちんと話して、過去自分のしたことを認めさせ、謝罪させよう。

私は渾身の力を振り絞って、過去のことを話した。

「そんな覚えは全く無い。お前はデータを捏造する。被害妄想だ」

Mはその時、血圧が上がったのだそうだ。

Hは、「年寄りをいじめるな」と言う。

やったのはそっちだろう?

血圧が上がった、つまり自分たちが私にしたことを認めたこと。しらばっくれるんじゃないよ。

そう、認めれば確実に自分の分が悪くなるからね。

「罰があたるぞ!」

あたるのはそっちだ。あんたらはそれだけのことをしたんだから。

「私たちは一生懸命やったんだ! 正しいことをしたのだ!」

「親だって人間なのだ」

たとえ間違っても「一生懸命」だったら、虐待しても「正しい」「愛」なのだ。それが彼らの言い分だった。全く認めようとしないのだ。

情けない話だが、育てはしたよね、と罪悪感を持ってしまった。

挙句に、「そういうことがあったからこそお前は強くなったのだ。感謝しろ」

裏を返せば、自分のしたことに罪悪感があったのだろう。だからこそ、このようなずるがしこい逃げの口実を作る。これだけの身体症状と強烈な鬱という精神の墓場の元凶、魂の奥の奥までブルドーザーで根こそぎ破壊しておきながら！　いい加減にしてよーーーーー！！！！！！！

しかし、なぜかそこで私はそれを認めてしまった。まだ「親の愛」という幻想にしがみついていたかったのだ。

だがやったことはやったことだ。アメリカが数十万の日本人を殺戮しながら、「世界平和のために原爆を落としたのだ」と言う理屈と全く同じだ。

許さない。正当な補償をさせたいのに。

切らないと殺られる。その前に殺さなければ。無意識の中から追い出さなければ。

このころ、「香港ノワール映画」をよく見た。「男達の挽歌」（監督：ジョン・ウー）は特に深く心に突き刺さった。ごく近くで信頼していた者に裏切られる。血みどろの復讐と復活。

「明日のことはわからない」

このセリフが好きだ。「正義は勝つ」などという茶番な幻想もこの映画にはない。どんなに分があったとしても（厳密に言えば「正当事由」はどちらにもある）力が無ければ殺されて終わりなのだ。

MとHを殺すというイメージワークを試みた。が、うまくいかない……あれはしつけではなく虐待だったのに。

今はそう確信するが、そのころはあやふやだった。確信が持ちたくて必死に自分と闘っていた。

〈「幸せな娘」でいたいでしょ？　やめちゃえば？〉

こう囁く女は、私だ。こいつを殺すのだ。

気力が取り戻せない。無意識の闘いで精力を使って、現実が生きられない。ウソだ、としてしまえば楽になるかもしれない。

「私の言っていること、ホントだよね？」

「現実にそれほどの痛みを受けていなければ、これほどひどい状態になるはずがないだろ？」

私の状態そのものが「犯罪の物的証拠」だ。

アトピーはだいぶよくなったが、過去のフラッシュバックと偏頭痛はひどくなる一方だった。

思い切って「森」に手紙を書いてみることにした。断片的に書き続けていたことを、初めてまとめて、長い手紙を穂積さんにあてて出した。

私のような穢ない汚れた（この頃もそう思っていた）女は拒絶されるかもしれない。

少ししてお返事とニュースレターが届いた。

「ゆっくり芽を出してください」

ありがとうございます。私はここに居ていいのですね。

「森」のニュースレターは悲しい物語が多かったが、不思議な明るさで満ちていた。それ以前に何度かＡＣ関係のＣＲに出てみたことがあるが、ほとんどは「傷の舐めあい」で終わっていた。

ここは全く違っていた。一人一人が違うことを前提に、未来と希望、それをどう取り戻すか、そのためにどう歩いていったらいいのかを皆で助け合いながら、それぞれの芽や根を伸ばす場所だった。

居場所が私にもあったんだ……。

よく眠れるようになった。

しかし、どうも塞がっている。一度カウンセラーに会ったがダメだったし。旅に出るほうが合っているのかもしれない。

貯金を下ろし、チケットを買った。金子光晴の本も何冊か持っていこう。マレー鉄道に乗ろう。バンコクから入って、途中下車しながら、二カ月ばかりのんびりしていた。「ジムトンプソンの家」に行った。外は暑いのに、ここはひんやりしんとして別世界のようだ。ジャスミンの花が至るところで薫る。

ハイビスカスや「涙の花」と呼ばれている大きな白い花を見ながら、カフェで熱いコーヒーとケーキをいただいた。持ってきていた『甦える魂』を読み返した。大きな葉からこぼれる光。鳥の囀り。

あ。私はこのつながりなんだ。

私はここに居る。森のメンバーたちと一緒に、確かに。

受け止めたまま手放そう。

心からそう思った。

泊まったゲストハウスではフロントの女性と親しくなり、泊り客のアメリカ人女子大生とみんなで大音響ヘヴィメタルを聞きに行ったり（頭がふらふらになった）、夜のカオサン通りをひやかしに行ったりした。路上サンバである。自転車に乗った果物売りに、その場でランブータンを切ってもらう。濃密な甘い香りがあたり一面に拡がった。

それから鉄道で南下した。クアラルンプールや時の止まったようなマラッカはそれなりに美しかったが、マレー世界は私には合わなかった。重い荷物を持った女性が男性の後を付いて歩く。いくらイスラムだからって、酷すぎる。痛くて見ていられなかった。

東南アジアは毎日毎日暑い。太陽が大きく見え、日差しがきつい。どこにでも強い熱帯の緑が繁茂し、匂いの強い花々が咲き誇る。

そんな気候が最良の薬になった。ずっと同じような暑さの中に居ると、以前、何があったのかが思い出せなくなってくる。昨日のことすら覚えていないのだ。

流れる汗とともにあの過去が自動的に飛んでいき、「痕跡」だけが残ったような状態で、帰国した。若干偏頭痛が戻ったが、資格学校の講師のアルバイトを見つけた。もう前に出られる。大丈夫。

若干のフラッシュバックはあったが、それを客観的に受け止められるようになってきていたし、理不尽な事には確固として自分を主張出来るように（本来当たり前のことだが）なっていた。ＡＣ関係のＨＰをほとんど見なくなった。お金を稼げるようになり、ようやく自力で前に出られる、と嬉しかった。

しかし――

十一月の終わりのことだ。

私は、強姦された。

インターネットで知り合った人たちとのオフ会でのことである。本名も住所もわからない者同士が実際に会うのだが、カラオケボックスで、トイレに立ったとき、隣でおしゃべりしていた男性がついてきてしまった。女子トイレの中に入ってきてしまったのだ。すぐ近くにメンバーたちの部屋がある。力は圧倒的に向こうが勝る。声を出してそれこそ服を引き裂かれたり、顔を殴られたりしたら……とにかく挿入されることだけは避けなければならない。

応じるフリをして、なんとかそれだけは（ギリギリで）避け、追い出した。

外傷は何も無かったものの、私の中に「犯された……」という感覚だけが残った。

べっとりと腰に何か、ねばねばした生き物のような薄気味悪いものが貼りついている。私の腰に有毒の触手が絡み、毒が身体に染み込んでくる。

MとHが私にした事は、まさにこれだったのだ。そうだったんだ。

電話番号を変え、もうすでに切ってはいたが、どこかで許さなければいけないのだろうか、私は間違っているのだろうか、と揺れることがあった。

ニュースレターで穂積さんが「私たちは痛い目を見なければ解らないのかもしれない」と述べておられたが、私にとっての「痛い目」とは、まさにこれだった。

「親不孝」という言葉がある。

それは自己保存のための奴隷が自分に都合悪く動いた時に「洗脳」するための似非モラルである。だいたい、「産み育てる」ことを自分で選択したということは、それによってすでに充足しているのだから、見返りを要求すること自体ナンセンスだ。この言葉は親にとって子供が「自己を生かすための道具」としてしか存在しない、という真実をよく表している。とはいえ、「モラル」そのものが、誰かが大衆をコントロールするために作り出した精神寄生体なのだけど。

二、三日、何も考えられなかった。彼に言えなかった。どうしたらいいの？　またこんな目にあっちゃったよ。

思い切って彼に告げた。

「お前は悪くない。事故だと思って忘れるしかないよ。そうでなければ……気が狂う」

カウンセリングの場所を探すことにした。犯罪被害防止関係の団体に予約の電話を入れた。その時、受付の女性に大ざっぱに事を話したのだが、この人たちなら、もしかしてすがれるかも、と思った。灯をともし導いてくれる人にどうしても会いたかった。

これで大丈夫。

翌週そこに行った。カウンセリングの担当者は別で、彼女と入ろうとしたとき、その受付の女性が入ってきてしまった。

「いいですか、お話を聞いているので……」

何故その時いやと言えなかったのだろう?

この事件にしぼって話したいのに、彼らは私自身のことを聞いてくるのだ。

私に、とっくの昔に資格はとったのに、「これからおとりになるのね」などと、確かめもせずにものを言う。

失礼だ。ろくに確認もせずにものを言うな。そして自分の都合のいいように答えを誘導しようとする。

「あなたが被害届を出さなければ、そういうヤツをのさばらせておくことになるのよね」

確かにそうですね。でも私は二度と会わないから、関係ないんです。仮に被害届を出したとしたら、警察で男性によって更に二度辱められることになる。もういいや。守りたいのは、助けたいのは私自身なのに。

こいつらは、結局私に被害届を出させ、「かわいそうな強姦被害者」のために頑張っています、と正義者ぶりたいだけだ。私の傷や痛みなどはどうでもいいのだ。痛いのに――――――！！！

私は彼らにとって、「正義」のためのモルモットでしかないのだ。偽善者めが。そこに行くのはやめた。結局私は、その男と二人の女性、合計三人に強姦されたのだった。

決心がついた。MとHに復讐しよう。私の魂の尊厳がかかっている。

レイプ事件について穂積さんに手紙を書いたら、その返事として穂積さんから美しい青い天使のカードをいただいた。ご自分で『甦える魂』を英訳するため、「森」の活動は休止されるという。

私は、自分の中の「力」を出せるのだろうか？　信じたい。

また偏頭痛が再発した。

それでもアルバイトは辞めていない。この事件（現在はそのことを全く思考出来ない）でかえって、MとHがしたことをくっきりと現実の傷として受け止めることができたからだ。

「森」のニュースレターをよく読んだ。

メンバーの受けた被害は、深い部分で共通していたが、それぞれに違っていた。中には男性で

「性的虐待」とは違う虐待を受けた人もいた。事実の受け止め方も百人百様である。「真実」は受け手の内面の中にしかない。

性的虐待は受け手の魂の聖なるものを犯してしまう犯罪であるが、たとえ「性」そのものを犯されなくても、受け手によっては魂の聖性を犯されるのだ。

あの事件の後つくづく「強姦行為」と、愛のある「セックス」は完全に別のものだ、と実感した。「性」ほど不可思議で美しく聖なるものはないだろう。愛があればこそ、それはとても暖かな世界だが、そうでない一方的な行為は魂を蝕んでいく犯罪なのだ。

これを読んでいる人たちにどうしても言いたいことがある。虐待した父親、レイプした男は「その個体」でしかない。傷ごと引き受ける力を持つ、また実際に引き受けている男性たちは大勢いる。

ネット上ではあるが、私は何人かの男性に問い掛けてみたことがある。その中に、パートナーが叔父に性虐待された男性がいた。結婚式の前日、その叔父を「ボッコボコにしてやった」のだそうだ。

「そばにいることしかできないけど、愛そのものは変わらないよ」

これが皆の答えだった。

パートナー（異性でも同性でも）を探すことをどうかやめないで欲しい。手を伸ばし続けていれば、必ず受け止める手はあらわれるのだから。

加害者は魂の聖性を認めない（自分にはあるのか？）。しっかりと過去を受け止めながら、辛かった。しがみついていた「幻想」は長年刷り込まれた支柱でもあった。しかしそれは同時に「虐待」そのものでもあったのだ。

リセットして「わたしそのもの」を作り直すのだ。

一体どうすればよいのだろう？

「まっさら」にはしない。この過去は私自身そのものだから。

美しい真珠が病める貝殻から生まれるように……考えているうちに二〇〇〇年が暮れようとしていた。

「バンコクに行きたくなったな」

突然、彼が言い出した。

行きたいな、バンコク。この時期だから無理かもしれない、と心配したチケットはあっけなく簡単に取れた。繁華街から奥まった、小さな居心地のよいホテルを見つけた。

朝はトッケー（ヤモリの一種）と鶏の鬨の声で目がさめた。ミルクと生野菜が美味しい朝食。

彼がソーセージを朝から食べている。

東京は、「皆と同じ」に無表情で、息が詰まる。どこに行っても遊んだ気がしない。バンコクはいいかげん。乗車拒否はされるわ、タクシーは料金ごまかすわ、皮膚病の犬が寝てるし、繁華街を野良象（象使いつき）が散歩している。

日本は皮膚病の野良犬すら排除する酷い場所なのかもしれない。

夜の繁華街はカオティックだ。いたるところから大音響のロック、モーラム（タイの民謡）が鳴り響く。ナンプラーと熱帯の花の香りが入り混じったアジアの匂い……。

大晦日のカオサン通りは無国籍なお祭りだった。ゲストハウスを兼ねたレストランでタイ産のワイン。透明感があり、青臭さがかえって個性になって、いい。日本に入ってこないかな？　カウントダウン。通りがディスコになった。ビール片手に踊り明かす。

二〇〇一年の朝は二日酔いと筋肉痛で始まった。

夕暮れ、チャオプラヤ川沿いを散歩していたら、どこかからクラッシックギターの音色が聞こえてきた。「アルハンブラ宮殿の思い出」だった。夕暮れの川沿いのカフェ。次に彼が演奏したのは、バッハの「主よ、人の望みの喜びよ」「G線上のアリア」だった。「人の望みの喜び」かぁ。

もういいや。終わらせることは出来ないし、喉と腰にヘドロと傷はまだあるけど、私はもうそれを気にしないでいられる。

カウンセラーとも出会えなかったし、医者も数回しか行かなかったけど、日常の生活を大切に、現在を一つ一つ積み重ねていこう。

『解き放たれる魂』で穂積さんが描かれていた美しいイメージ。折れた樹から新しい芽が生い立つ。

今の私は「芽」そのものになった。再生したのだ。

まだまだ力も弱く、過去が力を持つこともあるかもしれない。しかし、もう私はそれを恐れない。

風や雨が襲うこともあるだろう。その時は無駄な枝を落とせばよいのだ。

秘やかに芽を伸ばし、やがて倒れた樹を養分として食い破るのだ。

自分探しの旅

――世代連鎖を断ち切るために

秋野菜穂子

私は、二人の男児を抱える、いわゆる専業主婦である。

第二子出産後、しばらくしてから育児ノイローゼ状態がとても辛くなり、この苦しみはどこから生まれてくるのかと探って行くうちに、自分自身の辛い子ども時代にたどり着くこととなった。

しかしながら、私は決して「殴る、蹴る」といったひどい虐待を受けたわけではない。いやむしろ、私の両親は我が子に対して愛情も物もふんだんに与えてきたと自負しているし、私自身も、それを素直に信じ、疑ったことなどなかった。

ところが、私は子育てをして行く過程で、次第に自我に目覚め自己主張を始める我が子に対し、暴力的な心を押さえきれず、手こそ挙げないものの、「言葉による暴力」で傷つけてばかりいる。

振り返ってみると、それはまさしく、私が親から受けてきたものにそっくり。親の口にする数々の暴言は、いまだに私を無力感に陥れるばかり。自分が、いかに傷ついてきたか、はからずも、我が子を通して知るところとなってしまった。

私の父母は、「ストレスの発散」と称して、「喧嘩」をする人たちだった。外で嫌な事があった日には、そのストレスを翌日まで持ち越さないために、家庭内で発散させておくのが、彼らの方法だった。そのために、家庭内のほんの些細な事を、その引き金とし、相手の全人格をも否定するような、激しい言い争いに発展させていった。

でも、それが、家族の感情表現のあり方だと思って、疑ったことなどなかった。本音でぶつかり合えば、そうなるのも当然なんだと思っていた。だから、私自身も、よく、それに「参加」させてもらっていた。

だから、大学時代、一人で、下宿生活を始めたときは、溜まったストレスを感情的にどう発散させたらよいのか、わからなくて困ってしまったぐらいだ。

でも、「怒り」は人を傷つける。

そのことに心から同意できたのは、カウンセリングがかなり進んでからのことだ。自分の爆発的な怒りが、我が子たちをいかに傷つけているかということに悩み始めてからのことだ。

私は、発作的に怒りの衝動に駆られて、子どもたちを爆発的に怒る。いつもの理性など、どこかへふっとんで、怒りの火の玉のようになる。自分で自分を押さえられない。これこそまさに、彼らの「喧嘩」そのものだ。


今、私は鬱の中に沈んでいるが、思えば、この鬱の予兆は、妊娠中からすでに始まっていたのかも知れない。妊娠中、ずっと体調がすぐれず、妊娠太りどころか、妊娠ダイエットといったありさまで、体は常にだるく、しんどく、まるで体自体が、子どもを孕んでいることを拒絶しているかのようだった。そして、予定日よりも、ずいぶんと早く、小さな子どもが生まれた。

病院で無事に生まれた我が子を見たときは、真実ほっとしたが、これから始まる子育てのことを思うと、目の前が真っ暗になる思いであった。翌朝からは、見るもの、聞くものがすべて悲しく、病室の中で、一人、涙をこぼしてばかりいた。「このまま、もし夫が事故でも起こしてこの世からいなくなってしまったら、どうやってこの子を育てていけば、よいのだろう?」「昨日までは、妊婦の『私』が主人公だったのに、今日からは、関心はみな赤ちゃんの方にいってしまい、私はもう人生の主役を降りてしまったみたいだ……」

お乳もうまく出ないし、赤ん坊も上手に飲んでくれないし、赤ん坊の体重はちっとも増えてくれないし、何から何まで悲観的に思えた。

このように私のつまずきは、いわゆる「マタニティー・ブルー」から始まった。

私の母は教師として働いていて、産休が明けるとすぐ、私は人の手に委ねられて育てられた。だからこそ、自分の子は自分自身の手で育てたいという思いが強かった。やさしくて、あったかくて、ちょっぴりおっちょこちょいなお母さんになって、明るい家庭を築くのが夢だった。そして、それをやってのけるだけの力が、自分にはあると信じていた。

なにせ、小さいときからずっと「良い子」で通してきて、何でも自分の思い通りに事が進むのに慣れていたから。

子育ては、「人生最大の暇つぶし」と考え、半ば挑むような気持ちで子どもを産んだ。そして、その子育てが、この私に上手くやれないはずはないと思っていた。

確かに、それは、かなり、うまくいっていた。

長男はよく泣く子で、「泣き声地獄」と銘打って我が身を慰めたりしながらも、ほとんど、子どもに対して怒ったりするようなことはなく、今の自分からは考えられないくらいのほれぼれとするような母親ぶりであった。毎日、午前と午後に公園へ出かけ、まだ、歩けもしない我が子に、木漏れ日や、風を感じさせてやり、お友達をたくさんつくってやり、何をするにも、笑顔でたくさん話しかけ、きつい声ひとつ出すわけでなく……。「あなたって怒ったことある?」ってお褒めの言葉を頂くような母親……。

それが、第二子誕生とともに、少しずつ、歯車が狂い始めた。

我ながら、無意識のうちに、間隔を空けると、もう二度と子育てがしたくなくなるに違いないと知っていたのだと思う。きっちり、二歳差で生んだ次男。

しかし、それは、いかにもきつい選択だった。

ぐずる二人の子に、大人一人では、どうにも対処できない。次男の誕生を見て、不安定になってよりいっそう泣き声の増えた長男に対して、やりきれない思いが募っていく。

今までなら、納得の行くまで声をかけて、やさしく話してやり、落ち着かせることもできたが、赤ん坊の待った無しの泣き声が私を呼べば、そう丁寧に対処してもいられなくなる。周りのアドバイスにしたがって、できるだけ、赤ん坊は、放っておいて、上の子にかかりきりになってやったつもりだが、やはり、違いは、否めない。

夜中の授乳が、午前三時から三時半頃あり、ちょっと眠ったかと思うと、異常に早起きな長男が、五時か五時半時には目を覚ます。夫を七時に送り出して、何とか家事をこなしたら、一〇時から一一時頃には近くの公園へ出かける。同じような子どもを抱えたお母さん方と毎日のように顔を合わせ、他愛もない愚痴をこぼしあうことは、一種の癒しの行為だったのだと思う。

しかし、次男の睡眠のリズムによっては、朝から彼がぐずり、そうすると、かまってもらいたくて、長男も負けじとばかりにぐずり……。そんな日は、公園に行っても、全く私から離れられない。ほんのちょっとした些細な事で、すぐに泣く。……最悪。

しかし、公園から帰るのは、また、ひと苦労であった。次男がぐずり始めて、早く帰りたいのに、ちょうど長男は、「いや」を連発する二歳児の真っ只中であった。

ようやくの思いで連れて帰ったら、今度はおなかが空いたと二人して泣き喚く。あの瞬間のことは、今思い出しても、気が狂いそうだ。毎日のように、これを繰り返し、我ながら、よく頑張ったものだと思う。まったく、驚嘆に値する。

でも、上手くいけば、二人そろって午後に長い昼寝をしてくれた。いや、昼寝をさせるための、毎日の公園通いだったといっても過言ではない。二人そろって昼寝してくれれば、ひとりになれる。やっと、ほっとする時間が持てる……。

ところが、長男もだんだんと体力がついてきたのか、昼寝をしない日が、増えてくるようになった。そうすると、何と、夕方の六時半ぐらいから、夜の眠りに入ってしまう。しかも、異常に興奮しているのか、三〇分おきぐらいに何度も引き付けるように泣く。

夕方の六時ぐらいまでに、食事の支度を済ませ、風呂に入らせ、食事をさせ……。乳飲み子を抱えた私に、どうやったらそんなことができたのだろう。しかも、そうやって、必死で間に合わせても、寝たかと思うと、夜泣きのような状態になるのだから、ほっとする暇もない。毎日、ぐったりと疲れきって、限界状況の中にいた。

ある日、私が、突然、切れた。

「お願い、そばに来ないで、ママをひとりにして。放っておいて」と、付きまとってぐずる長男を前に、テーブルに突っ伏して泣いた。

一度堰が切れてしまうと、後は、なだれ落ちるように、事態は、悪化するばかり。だんだんと、子供たちに対して、あられ容赦もないきつい声が出るようになってしまった。他の大人たちに対しては、今まで通りの「いい人」のままなのに。

そんな自分が、いやでいやで堪らず、どうしたものかと、悩みぬいた。

結論は、「誰か、もうひとり大人がいてくれれば救われる」。誰でもよかった、誰かもうひとり大人がいてくれれば、大人の理性を持ったままの自分でいられる。そう思った私は、ともかく毎日の公園通いは欠かさず、「人」と居続けた。雨の日は、誰かの家へ行くか、誰かに、遊びに来てもらった。

そんなぎりぎりの生活の中で、私は、どうしようもない、自分の中の心の荒れに気づき始めていた。相変わらず、外では怒ったこともないようなやさしい顔をした、いいお母さんであり、それが自分の理想なのだが、どうしてもそれだけではやっていけないのだ。

そんな時、J研究所の電話相談を知り、電話をかけてみた。小一時間も話しただろうか……。ともかく、わけもわからないが、子育てが苦しくてたまらない。子どもに、側に来られるだけで、鳥肌が立つような思いがすることがある……等など。苦しい現状を涙ながらに訴えた。

「一度きりの電話で、対応できる問題ではないと思われるので、できれば、カウンセリングに通ってみられてはどうか？」

青天の霹靂のような言葉だった。

まさか、大阪まで通えるはずがない。そんな時間の余裕がどこにある？ そんなお金の余裕がどこにある？ しかも、今まで、何とか上手く行っていたはずなのに、私に、何の病理が潜んでいるというのだ。

そんな釈然としない気持ちのまま、何日かが過ぎて行った。けれども、子どもとの関係は一向に、改善されないし、苦しさは、日に日に増すばかり。

しかし、自分の心に、正直になって考えてみると、心理学というものを知って以来、「カウンセリング」というのは一種の憧れであった。この自分の中に、どんな感情が潜んでいるのか、深く探ってみたい。そんな気持ちを持ち続けてきた。

その夢が、今、かなうかもしれないのだ。ひょんな事をきっかけとして。

「試してみよう！」私の心は、固まった。

初回は、忘れもしない、一九九四年九月一二日のことである。

私にとってめざましいものであった。自分の心の中をしっかり見つめ、相手に対する気遣いも無しに、自分の言葉を自由自在に操ってしゃべれる。これは、久しぶりに味わう爽快な感覚であった。大学時代に、難しい言葉を駆使して友達と人生論を思う存分語り合った感覚に似ているとでもいうか……。

普段の私は、子ども相手に他愛もないことを語りかけているか、ご近所のお母さんたちと子育ての愚痴をしゃべっているか……それも、あんまり、難しいことを言って変に思われたらどうしようという思いが先に立って、なんとなくいつも手加減しながらしゃべっているような気がしていた。それがここでは、どんなことを言っても、涙を流しても、誰からも、非難されたりしないのだ。

このようにして、何はともあれ、私は、カウンセリングの虜《とりこ》になってしまったのだ。

ところで、初回の内容というと……。

その頃の、私は、自分の目の前に子どもがいさえしなければ、全く何の問題も感じられなかった。だから、子どもを置いて、久しぶりにフリーになって出かけて、こんなに気分の晴れ晴れとすることはなかったのだ。何でこんなところに相談に来ているのかわからなかった。自分自身の中が、子どもに対峙しているときと、大人に対峙しているときとでは、完全に切り離されていた。

子どもを目の前にしていないときには、全く思い出せないぐらいなのだが、あのもやもやとした、なんともいえない苦しい感情は、一体何なのかそれを教えてほしかった。

しかし、カウンセラーの口から出た質問は、「あなたとお母さんとの関係はどうだったの?」

やっぱり、それか……。カウンセリングの常套手段だものね……と思い、半ばむっとしたのを覚えている。その時点では、私は、親との関係に何ら問題意識を抱いてはいなかったから。

とりあえずは、自分の中の苛立ちや怒りという感情をもっと自然に表現できるようになるためにも、カウンセリングは、継続したほうがよいといわれ、月一回ぐらいのペースを目標に通ってみることにした。

一回目のカウンセリングから二回目のカウンセリングの間に、思いもよらないことがあった。まずは、この私が初めて、ぎっくり腰なるものを体験したということ。外出中に、深くしゃがみこんだ拍子に、腰の筋がぐっと延びたような気がした。それだけなのに、立ち上がってみると、一足歩くのにも脂汗が出る、といった状態。もしかすると、これが、ぎっくり腰?と自分でも驚いてしまった。

家に帰って床に就いてしまうと、もう、自力で起き上がることもできなくて、子どもの世話どころではない。夫がひとりで、何とか食事の用意をし、子どもたちを風呂に入れ、寝かせつけてくれた。

普段は、食事の支度をするぐらいなら買ってくる、と言ってはばからない夫だが、彼にだってやればできるのだ！　この日は、土曜日だったので、翌日も全く同じように夫が世話をしてくれた。月曜日も、夫が仕事を休んでくれた。

しかし、そうそう仕事を休むわけにもいかず、かといって、次男はこの時九カ月、まだ這い這いもできない。この重たい子を、抱えるわけにもいかず、おしめを替えるのも不自由で、本当に困った。

一大決心をして、お隣の奥さんに事情を話して次男を預かってもらい、それから、毎日の整骨院通いが始まった。

しかし、この一週間は、私にとって肉体的にも精神的にもよい休養になった。いつもいつも「誰か」のために自分のことは脇において、頑張り続けてきた毎日に、小休止。私がやらなければ、他の誰かがやってくれる、周りの人に助けてもらってもいいんだ、そのことにはじめて気づかされた日々であった。

それから、整骨院で、長男がベッドから後ろ向きに落ちて後頭部を強打するという事件にも遭った。彼に対しては、かわいいと思えなくなって困っていたのだが、こんなことがあるとやはり心底心配し、かわいそうに思う。そんな自分を発見できたこともうれしかった。

二回目のカウンセリングは、かなり間が開いて一〇月二九日だった。

そこで、カウンセラーから、「私」には二つの「自己」があるようだといわれた。

確かに、私は昔から、人には決して見せない「本当の自分」があると強く意識し、その中だけが心休まる唯一の場所だった。外の世界に出て行っても、いつも、一刻も早くその中に返りたいと願っていた。学校に行ったり、友達と遊んだりすることがあまり好きではなくて、自分の心の世界であれこれ思い描きながら、一人で遊ぶのが一番楽しかった。

今思えば、外に見せているのは「自分を押さえた良い子」で、そうありつづけるのが苦しかったということなのだろう。

そうして、はたと気づいたのは、こうして今、子育てをしていて苦しいのは、我が子に接している自分さえ「外」の自分ではないかということ。子どもたちが寝静まった昼寝の時間だけが「内」の自分に戻れる時間なのだ。

普通の人は、こんな風に二つに分かれた自分を持っていないのだろうか？　だから、ずっと外にいても、ずっと人と一緒にいても平気なのだろうか？　私の中で、この二つがひとつになる日が、来るのだろうか？

この時から、本当の意味での、自分探しの旅が始まった。

三回目のカウンセリングで、私は、「不幸な母親の相談相手をずっとし続けてきたのだなあ」

と、はじめて知る。喧嘩するほど仲がいいと人におだてられながら、自分たちもそう自負しながら、それでも、父への不満を私に向かって吐き出しつづけた母。父のいやな面ばかり強調されて聞かされ続けた私が、どうして父と親しい関係を結べようか……。結果的に、私はいつのまにか父を毛嫌いするように仕向けられていた。幼い頃には、父親べったりの「パパっ子」だったはずなのに……。

私が一〇歳の時に母が職を退いて家庭に入って以来、ずっと、私は母親のカウンセラーとして話を聞きつづけてきてあげたのだ。

実は、今の私の結婚は二度目の結婚である。一度目の結婚は、その結婚によって親から自立するどころか、親のカウンセラーを降り、より親密になるための手段だったような気がする。「お母さん、もっとこっちを向いて。私は、こんなに苦しんでいるのよ。助けてよ……」そう言いつづけることによって、親に、娘を助けるという新たなる生きがいを与える役目を買って出たのだ。

父の体面を保つために、父が退職するまではじっとしていよう、一年間耐えてみようと思って始めた結婚だった。そして、その結婚は、やはり上手くはいかなかった。自分の殻を破って出てこようとしない相手に、アタックしてみようという気も起こらなかった。

相談すれば、きっとぶち壊される、とわかっていたから、私は、一人、密かに脱出計画を進めていた。三月のある日、突然、私は宣言した。「イギリスへ行く」と。もう、自分の人生に残すべき何物もないと思っていた。このまま消えてなくなればどんなにいいかと思った。自殺することも考えた。しかし、どうしても踏み出せない。だからこうするしかなかった。何よりも、親から飛び立つために、私にとってはそれだけの距離が必要だったのだ。

イギリスでの職は全寮制の日本人学校の教師であった。下宿は学校の外に一応用意されてはいるが、常時学校に子どもたちが生活しているので、学期中は、毎日のほとんどの時間を学校のために費やし、自分の時間はない。これが、かえって私には救いであった。お行儀良く、思いやりを持つ生徒たちに囲まれて、彼らから慰めを感じるような毎日。

そんな暮らしの中へ思いがけず届いた、大学時代の先輩からの暖かい手紙。彼との文通や、何度かの行き来で、生きる意欲を失っていた心に、いつしかもう一度、生気が蘇ってくるのを感じた。「結婚しよう」という彼の気持ちを信じて、二年間でイギリス生活に別れを告げ、帰国と同時に結婚。そして、あっという間の妊娠。夫の考え方は「子どもがいてこそ『家庭』」。異論をはさむ余地はなかった。

私は小さい頃から、「将来何になりたいの?」と尋ねられると、「お嫁さん、お母さん」以外の言葉を見つけることはできなかった。毎日のように繰り返される父母の喧嘩、突き刺すような言葉を聞きながら、「どうしてそんなふうに言うのだろう、何が悪いんだろう、どうしたらうまくいくんだろう……」と心は内へ内へと向かい、外に発展して行く思考を持たなかったように思う。他に目標でも見つけられれば、もっとのびのびと自分を生かせる場にめぐり逢えたかもしれない。しかし、ただ暖かい家庭が欲しかった。やさしい母さんになりたかった。だからこそ、「産んでみよう」と決心したのではあるが……。

しかしながら、私は成長するにつれ、幼い子どもがとても嫌いだということを自覚していた。自分をコントロールできずに泣き喚く声、あたりかまわずはしゃぎまわる騒々しさ。そんな傍若無人な子どもに接すると、押さえがたい憎しみが湧き起こリ、どうしようもない苛立ちを感じる。

今思えば、そう振る舞うことが許されなかった幼い自分が叫んでいたのだと思う。「手のかからない良い子」のレッテルをはられ、たいていのことは自分でできてしまった私。そのくせ、泣くとすぐに怒られた。即座に「泣きなさんな。よう泣くねぇ。今に涙がなくなるからね。いくら外では良い子でも、家の中では泣いてばっかり、ヒステリーばっかり起こしてるって、友達に言うてやろ。先生に言うてやろ」。泣くことは、絶対に許されないことだった。その上、何かといえば「一人っ子だからわがままで困る」と言われた。

淋しかった。たとえようもなく淋しかった。でももちろん、なぜ淋しいかなんて、自分にはわからない。どうすればよいかも、わからない。夕方、遊んでいた友達が帰ってしまって、父が帰るまで、母と二人家の中に取り残される瞬間、私の心は淋しさで一杯になってしまう。台所で忙しく夕食の仕度をする母にまとわりついて、「淋しい、淋しい」と訴えかけると、「うるさいねぇ！

何がそんなに寂しいのッ！　そんなに淋しい淋しいと言う子は、死神が見ていて、もうすぐ迎えに来るよ！！！」おそろしかった。私は、もうすぐ死んでしまうんだと思った。淋しくて、恐くて泣けば、また、怒られる……。

カウンセリングを始めてから一年ぐらいたった時、そんないろいろな思いを、手紙にして、父母に書き送った。当時、父は癌を再発し、病の床についていた。父母に私の苦しみを少しでもわかって欲しいと思い書いた手紙は、結局、理解されることなく、それから半年ほどたった頃、父は息をひきとった。病を抱えた父に対して、難題を吹きかけて終わったようで、後味の悪さばかりが残る結末となってしまった。あの時、言わなければ、一生胸の内にしまっておいたはずの父母への恨み……。本当にこれで良かったのだろうかと、今でも我が所業を責める声もする。

しかし、あの手紙を受け取ったあとの、父母の反応は私を失望させるに余りあるものであった。

母からは、「あんなにかわいがって一生懸命育ててやったのに、感謝のひとつもなく、病気の父さんにこんな手紙を送りつけるなんて、なんという非情な娘か。あんたのことは、頭が良すぎて、私たちには理解できんよ」と言われた。

父は、「やめとけ、あの子には、もう何も言うな。また、あの子にあれこれ言うと、全部、ワシらが悪者にされるだけじゃ」。その言葉に対する母の反応は、「いいじゃないの、人がなんと言おうと、わたしらが良いと思うんならそれで」と。

つまり、二人とも、自分たちの喧嘩は、全く悪いと思っていないし、それによって周りの人が傷つくなどという考えは、全く思い及ばないらしい。「ワシら」「わたしら」という言葉で自分たちのことをひとつのかたまりのように表現し、「夫婦」と「子ども」が敵対しているように表現する。「子どもを守ろう」とか「子どもの側に立って考えてみよう」とかいうことには全く思い及ばず、結局は子どもの気持ちを理解しようとはしない人たちだったんだなあと、あらためて思い知らされた。

父の死後、非常に気の立った母との関係は、とても悪化した。しかし、他に頼るすべのない母は私から離れようとせず、一年間ほとんど我が家に入り浸りであった。母は、一人では生きていられない人なのだ。それなのに、「私なんか、もう生きていても仕方がない。早く死にたい」とばかり言い、周囲に毒を撒き散らしてはばからない。そんな母と多くの時間を共にしなければならない私は、常に戦々恐々としていたものだ。一体、次にはどんな言葉が投げつけられるのだろうかと。

しかし、驚くべきことに、彼女は徐々に「聞く耳」と「自分で考える力」を持ち始め、私の従兄のひどい虐待体験に涙し、自分自身が親からひどい仕打ちを受けながら育ったことに気づき始める。そして、私と夫との穏やかな夫婦関係を見るにつけ、このような穏やかな幸せや優しさ、思いやりも家庭の中に存在するものなのだなあと、驚いたようだった。

「こんなに、優しい関係の中で子どもを育ててやれば良かったねぇ」と彼女の口から聞いたときには、天地もひっくり返る思い……。

彼女とは現在、ある程度距離を置いた状態で、まずまずの良好な関係を保っている。

しかしながら、私にとっての課題は、「我が子の子育て」なのである。そもそもこの苦しみのためにカウンセリングと出会ったのに、こちらの苦しみはいっこうにに解決する見込みがつかない。確かに、「良い母親」を演じることはなくなった。しかし、それゆえに、素のままの自分で子どもに接すれば、基本的に、不機嫌な母親。そして、特に気持ちが荒れた時には、子どもの存在まで否定してしまうようなひどい言葉を投げつけてしまう。

「子どもは思っている以上にたくましく育っていくから大丈夫。自分を否定して、いつまでもくよくよしている方が子どもにとってはよくない。基本的に安全な夫婦関係の中に置かれている、現在のあなたの子どもと、かつてのあなたとでは、守られている環境も違う」とカウンセラーから言われ続け、いったんは納得して、自分の子育てを肯定しようとしてみたものの、全く自信はない。

幸いにして、時は滞りなく流れ、我が子はいつのまにか育って行く。乳飲み子であった次男も、今はもう小学生である。世の中に、ストレスを全く与えない親子関係など存在しない。それは重々承知しているが、私が彼らに与えている傷は、より深く、ひどいものではないか？　新たなる「傷ついた子ども」を育てているのではないか？　そんな恐れは、どうしてもぬぐいきれないままである。

生まれてこなければよかった、と思い続けながら生きてきた私が、次の世代を生み出してしまったことへの責め苦は、一生、背負いつづけていかなければならないものだと覚悟している。

最後に――。

具体的に語れるほどの虐待体験を持たぬ私が、もっともっと苦しんでいるサバイバーの方たちに混じって発言するのは、単なる被害妄想ではないかと悩んだこともある。しかし、「被害くらべ」をするのではなく、「違い」を認め合い、連帯していこう、という「森」の基本理念に支えられ、このように、自分の心の奥深くまでさかのぼって考えることができた。ひとえに、Ｊ研究所のカウンセラーと、「森」との出会い、そして、「森」のメンバーの一人で、とても親身になって文通してくれた仲間の支えがあればこそだと感謝している。

二〇世紀に追悼を

田中一進

私は四三年前に未熟児で、しかも仮死状態で生まれた。そのためか心身の発育は遅かった。歩き出すのも言語能力の発達も遅く、幼稚園の年長組になっても人と会話できなかった。そんな私の幼少時の思い出は、睡眠時の反復する悪夢と叱る母親である。私は「精薄」「白痴」と母に言われて育ったのだ。

幼稚園のころは火事の写真が好きだった。飾ってある絵は全て真っ黒に塗りつぶしたかった。お絵書き帳には何回も家が燃える絵を書いた。そして消火器から水をまいてその家の火事を消す場面も同時に描いた。親にすれば私は何とも奇妙な子だったろう。こんな私を両親は、知恵遅れだから小学校の入学を一年遅らせようか、と悩んだらしい。しかし結局近くの小学校にそのまま入った。

私のように不器用で言葉がうまくしゃべれず運動神経も並外れて鈍かった者は、当然のようにいじめの的にされた。いじめは小学四年生から高校一年の時まで続いた。特に小学六年生の時と中学二年、三年、高校一年の時のいじめは酷かった。

小学生の時のいじめは、複数の同級生が不器用な私の野球の動作を真似して集団で笑い物にする、殴る蹴るなどの暴力、嫌なあだ名を七つも八つもつけて集団ではやしたて嘲笑するというもので、毎日のように続いた。そのうちクラス全員による完全無視（村八分）まで起こった。ある日、服の下に隠れていた胴体と大腿部につけられていた新旧多数の暴力によるあざが、何故か親に発見された。それを見た私の母は「いくじなし」「弱虫」ときつく私を叱責した。父親も同様のきついお説教をした。「強くなれ」と。けれどたかが小学生の私には、どうすれば強くなれるのか分かろうはずもなく、これ以後、絶対、自分が他人にいじめられている事実を誰にも言うまいと決意した。小学校六年生の時には、「私は大人にはなれない、早死にする」と思っていた。だから同級生たちの「大きくなったら」という題の作文が、どうして書けるのか私は不思議だった。

中学時代や高校一年の時も複数の男子の同級生にいじめられた。身体的暴力や口で罵るのが主な手口であったが、中学の時はクラス男子全員の陰謀による選挙の投票で保健体育委員にならされた。この保健体育委員の仕事のひとつは、体育の時間にクラス男子全員の前で見本となる演技を示すことであり、運動神経が鈍い私はいやでもクラス全員の前にさらしものになった。おそらく小学高学年と中学時代のクラスでの私の地位は、社会の教科書で言う『不可触賤民』と『陶片追放』の合体である。中学二年生の時には違うクラスではあるが同じ運動部に所属していた最悪の同級生（名前をここでWWと呼ぶことにする）が私を利用し収奪するために接近してきた。WWは、勉強もスポーツもよくできて「先生のお気に入り」だった。しかしこれは表向きの顔でWWを知る男子生徒からはひそかに恐れられていた。WWは私を殴るなどの暴力をふるい、口で私を罵りまた使い走りなどの雑用もさせるなど様々ないじめをした。

中学校の始業前はWWの自宅で雑用と種々のいじめ、学校の時間内は同じクラスの複数の男子同級生にいじめられ、放課後はWWと一緒にいなければならなかった。高校一年の時は不幸にしてWWと同じクラスとなり、登校前、学校の中、放課後とまるまる一日WWの監視下にあった。

こうした小学六年から持続する日常のいじめは、私の感情を奪い去った。私は小学六年から高校一年の時まで感情がなかった。殴られても嘲笑されても少しも怒りの感情が湧いてこないのである。なおWWの暴力の振るい方は見事なほど人格を無視したものだった。まず殴るときは「動くな！」と直立不動の体勢をとらせてから、殴る。帽子を蹴り上げて私の顔面を傷つける。一緒に歩く時は、WWは片手で私の上腕のある一点をぐりぐり揉む（誰でも触れてみれば、そこが一番痛いところだということが分かるだろう）。暴力を振るう側から見れば、最小の力で、また他人に一番目立たないやり方であり、やられる側は痛みがひどい。顔面を往復ビンタや、頭部を薄い鉄板で殴って怪我を負わせることなどもあった。

暴力だけでなく、ＷＷは私から何回も金品を脅し取った。私の小使い銭では、飽き足らず、親に学校の教材費や林間学校費などといって金を嘘をついて工面するようにＷＷは命じた。高校一年の時には、中学の時よりもっと収奪がひどくなり、私は親の財布から金を盗みとらねばならないところまで追い込まれた。ある時は街を歩いている時に、ＷＷは通行人にわざと私に小銭をせびるように命じた。大概の人は当然ながらあっちへいけと邪険に扱う。何回も成功するまで何人もの人間に同じことをやらせＷＷは、もの陰から見物している。ついに私は小銭の奪取に成功した。しかしこの小銭をくれた人物はたまたま学校教育関係の人だった。私は学校名、クラスの担任名、自分の名前を聞き取られ、親や学校に知られて大問題となった。真相は誰にも言えなかった。また誰にも言わなかった。

いま思えば、ＷＷが私にさせた数々の使い走りの内容は、異様なものだった。それは女生徒の間でのＷＷの評判を遠回しに尋ねるというものであった。台詞は全部、ＷＷが考えた。これを言われるまま女生徒の家に行って実行したら、どんな問題になるか分からないと私は考えた。結局、全部でっちあげた報告をＷＷにした。

そしてＷＷの私への極め付きの暴力が、陰部への暴力であった。中学二年から高校一年の時まで、頻度は一月に一回ぐらいで、場所はＷＷの自宅の勉強部屋だった。この部屋は玄関から誰の目にも触れずにすぐに入れる場所にあり、親や他人の目に触れにくい一種の密室であった。その部屋のベッドの上で、ＷＷは私の下半身を裸にし、私の陰部を錐でつつく、輪ゴムではじく、手で弄ぶ、ライターの火で私の陰部をあぶるなどの行為をした。またある時は、私は目をつぶらされＷＷの怒張した陰茎を私の顔面におしあてられた。

私は当時の辛い日々を過ごすため、作り笑いをよくした。そして自宅では、音楽を聞きながら体を前後に揺すっていた。これは傍目から見たら奇怪なものであったろうが、辛い日々を耐えるため無意識にしていた習慣的な行動のひとつであった。

こんな感情のない私でも、高校一年の時は実際に首吊り自殺や飛び込み自殺を考えてあちこちうろついたこともあった。しかし自殺できなかった。それは、あまりにも不器用で首を吊る縄を結べなかったからである。

やがて父の仕事の都合によりもたらされた偶然の転校が、私の救いとなった。その転校した土地は、私が小学高学年、中学時代、高校一年を過ごした土地から数百キロ離れたところであったが、ＷＷは、なお私の所在を突き止めてやってきた。しかし何回も絶交状を送りつけたことと、父が電話でＷＷをどなったことから、執拗なＷＷの訪問は数カ月でようやく終わった。もっとも父は、ＷＷとの電話での会話の後、私がいかにいくじなしでだめな存在であるか、強くなれと、母といっしょになって何時間もお説教をしたが——。

WWは出現しなくなり、転校先の高校にも何となくなじめるようになった。転校先の高校生活でいちばんびっくりしたことは『同級生は、私を殴らない』という事実である。

その後、私は、何とか高校を卒業し、紆余曲折はあったものの大学に入った。大学時代は、外見上は普通に過ごした。友人と一緒に、槍ヶ岳や八ヶ岳を登山したこともあり、スキー場へも何回も行った。私なりに平和な学生生活を送っていたはずである。だが私の気分はいつも暗く、常に誰かが私に危害を加えないか不安だった。

やがて私は社会に出て定職に就き、三〇歳で結婚した。子ども（男児）も生まれ、平凡ながら幸せな日々を過ごしていた。

それから二年ほどたって、私は突然不眠症になった。朝になると、体を動かすのがしんどい。時には起き上がるのも億劫になった。医者にかかると「うつ病」と言われた。家庭の中が暗くなり、夫婦喧嘩も起こった。震源地はいつも私で、妻や子供にくだらないことで当たり散らすのだ。

私は、成人してからも社会に出てからも、ずっとあの最悪の同級生WWが頭を離れなかった。だから私は、下宿先でも転居先においても、隣近所にWWという名前の人間が住んでいないか、いつも必ず確かめ、身の安全を確かめていた。

WWの正体について、自分なりに考える材料を提供してくれたのが下記の本である。『FBI

心理分析官』（ロバート・K・レスラー&トム・シャットマン著、原題“WHOEVER FIGHTS MONST-ERS”邦訳は一九九四年、早川書房より刊行）

これは、次々と殺人を起こす連続殺人犯の心理を多くの事例研究から解明しようとした本であり、著者のロバート・K・レスラーはFBIの元捜査官である。レスラーらは一九七〇年代から、殺人犯たちが何故あのような犯罪を犯すようになったのか探ろうとした。この本の第4章「暴力に彩られた子供時代」（Childhoods of Violence）によると、著者たちは刑務所に収容されている三六人の連続殺人者に対し、彼らの生い立ち、動機、空想（fantasies）、特異的な行動に焦点をあてて面接調査を行なった。その結果、以下のようなことが分かったという。

まず、殺人者の家庭は外観上は正常なように見えたけれども、実は機能が破綻していた。面接した殺人者の半数は直系の家族に精神病があったし、半数には両親に犯罪歴があった。殺人者の七〇%近くに、薬物やアルコールの乱用の家族歴があった。次に、すべての殺人者が一人残らず、子供時代に重大な情緒的虐待を受けていた。彼らすべてが、他の成人と成熟し合意された関係を維持できない成人となった。彼らはまず母親に愛されなかった。また心身の生育に重要な八歳から一二歳の時期に孤独、父親が離婚するか死別するなど、を経験していた。こうした精神的に深い打撃を経験しているため、殺人者たちは同じ男子仲間と関わる社会的技術（social skills）を身につけられなかった。そしてまた、異性とうまく関わる対人関係の技術も学べなかった。表面上はいくら社交的に見えても、孤独を抱えていた。

その孤独を埋め合わせるのが空想である。他の男子が異性とダンスしたりパーティーに行ったりしている間に、空想にふける。殺人犯の思春期の特徴は孤独と空想、動物や他の子供に対する残酷な行為、放火などといった反社会的行動であり、その後、反社会的行為がひどくなり、二〇歳代から三〇歳代になると、ついに殺人を犯すようになったという。そのさい、空想が殺人犯の犯行を駆り立てる力となる。その空想は、美しい映画女優とセックスしたいというような誰もが抱く空想ではなくて、その映画俳優とのセックスの最中に、その女優を動けなくして縦横に彼女の体を切り裂きたいというような異常な空想であった。一度、殺人を犯すと、暴力的な空想はもっと強くなり、手口をかえて何人も続けて殺人するという行為になっていったという。

私は、ＷＷを思い出す。同じクラスの女生徒に自分の思っていることを何故、自分から本人に直接会ったり手紙を出すとかして伝えようとしなかったのか、謎だった。ＷＷは、おそらく思春期になってもアメリカの殺人者と同じように他人と成熟し合意された関係を作ることができなかったのだ。集まる男子生徒も、親分子分になるものがほとんどであった。私はその最下層のメンバーだったのだ。ＷＷの正体らしきものをつかんで、私はほっとした。このとき私は、ＷＷの圧力からようやく逃れられたように思った。

ＷＷは、高校二年以後少なくとも新聞沙汰になるような殺人事件は起こしていないようだ。ただし、自分より弱い立場にあるものを、殺人まではしなくとも、いじめて暮らしていることは十分あり得ると私は思う。

私は、自分が幼稚園の時に見た火事の写真の異様な迫力を今でも思い出す。それは単なる恐怖でなく、自分の心を操る強い力を与えた。レスラー氏の本の中に、飛行機を衝突させて炎上させたいという空想を打ち明けた放火殺人犯の話が出てくるが、自分が幼稚園時代に抱いていた空想と同じなのに驚いた。私もまた、放火殺人犯と共通する思考回路を持っていたのだ。ひとつ間違えれば、私は放火殺人犯となっていたかもしれない。

私は三〇歳を過ぎてようやく、自分に愛情を持って接してくれた担任の先生たちが自分に与えた影響を、生まれてはじめて理解した。小学二年生の男性担任は、運動音痴の私に熱心にていねいに鉄棒を教えてくれた。小学三年生の女性担任は、私に絵を教えてくれた。この担任の先生は、私が当時の人生経験で『まともな』大人の女性を身近に見た最初の女性だった。何故なら、六歳頃までに見た大人の女性――実母と幼稚園の女性担任、小学一年の時の女性担任――はみんな黒い顔、つまり絵本で言えば老婆の顔をしていたからだ。当時、私の母親は計算すると二〇歳代であったが、私が（幼児のころに）見た母親の顔はどう見ても二〇歳代ではなく老婆のイメージだった。私の空想の発展は（三〇歳を過ぎて己を振り返って思うことだが）、二人の担任教師により遮断停止させられていた。もしこの二人の先生がいなかったら、私も銃と火を用いた犯罪を犯していたかもしれない。銃と火は、運動神経の鈍い私でも他人を容易に操ることができるから。

その後、アダルト・チルドレン（Adult Children）という単語と『誰にも言えなかった』（エレン・バス&ルイズ・ソーントン編著、原題“I never told anyone”、森田ゆり訳、築地書館）を知った。

また『沈黙をやぶって』（森田ゆり編著、築地書館）を知った。

『誰にも言えなかった』『沈黙をやぶって』は子供時代に性暴力を受けたアメリカと日本の女性たちの体験記であった。『誰にも言えなかった』の訳者、森田ゆりはその著書のなかで、性暴力の被害者をもっとも苦しめるものは肉体的苦痛や羞恥心よりも自分の落ち度を咎める自責感であり、この思いゆえ性暴力は他の暴行よりずっと深い心の傷跡を残す、「私に罪はなかった」と被害者が心から自己確認できるとき性的暴行から受けた心の打撃から懸命に立ち上がり癒しへの第一歩を踏み出せる、と語っていた。

私は、目からウロコが落ちる思いをした。これは、いじめにも言えることではないか。いじめ=暴行、恐喝、傷害という犯罪なのに、被害者が自分はダメな人間と感じる。加害者も事件がおこった場所も違うが、女性への性暴力と私への数々のいじめには重大な関連があると、私はその時に感じた。

アダルト・チルドレン。これは子供時代に家庭内で辛い体験をして、それを十分に癒やされず成人になった者のことである。すなわち機能不全家族で育って成人した人のことである。機能不全家族とは、家庭にいろいろな大きな問題を抱えているために、親が十分に子供に愛情と庇護を提供できず、機能が破たんした家族のことである（例えば、親が子供を虐待するなら機能不全家族、父親が仕事中毒で家庭を顧みない、親がアルコールやギャンブルにのめり込み家庭不和が絶えないなど子供が安心して育つことができない緊張にみちた家庭は機能不全家族である）。

彼ら（アダルト・チルドレン）は何とかして辛い子供時代を生き延び、辛い環境に生育していくためにせいいっぱい適応してきた。しかし成人になると、今まで彼らが機能不全の家庭の中でうまくいっていた適応のしかたでは、どこかで精神的に破たんが出て苦しむようになる。そして機能不全家族で育った人は、親になっても子供の愛しかた育てかたが分からず、自分の子供に対しても自分が親にされたようなことを繰り返してしまい、その子供が親になると、また同じことを子供にしてしまう。こうして世代を越えて機能不全家族が受け継がれていく事実が判明した。しかしそれを防ぐ方法も希望も回復の手がかりも明らかにされつつある（斎藤学『子供の愛し方がわからない親たち』講談社、同『アダルト・チルドレンと家族』学陽書房、H・L・グラビッツ、J・D・ボーデン著／大越崇訳『リカバリー』星和書店、大越崇『アダルトチャイルド物語』星和書店など参照）。

私の父と母は、いずれも機能不全家族の出身だった。私の父は幼少時に実父と死別しており、極端な仕事中毒（ワーカホリック）であった。そして母は、両親に愛された記憶がなかったようだ。実際、祖父（母の実父）は厳格な近寄りにくい人だった。別に何か暴力を振るうわけではないが、私は決して子供時代に祖父に接近することはなかった。祖父母とは地理的戸籍的概念にすぎず、身近な存在ではなかった。私の家族には、祖父母が孫をだっこする習慣はなかった。社会に出て最も驚いたことのひとつに、幼児が祖父らしき人間の手の届く範囲に安心して居る風景だった。しばしば幼児は祖父らしき人物の手を小さな手で握る。なぜ、その幼児が歩いて逃げださないのか、私は不思議だった。私は母から「だっこ」された記憶は全くない。おそらく私の母も、自分の両親からだっこされた記憶はないだろう。母は自分が愛された記憶がなかった上、自分の子が未熟児で新生児仮死で生まれたことに精神的ショックを受けて、自分の子を愛する力を失ったのであろう。

日本では一九八〇年代から、頻回に中学生がいじめで自殺したとの報道がマスコミでなされるようになった。日本では複数の同級生がよってたかって一人の人間をいじめて苦しめ、自殺するまで追い込み、そして学校はいじめはなかったと見え透いた隠蔽工作をし、しかもいじめられる側に「お前にも問題がある」と被害者側に責任をなすりつけるのが一般的な社会的慣習である。

一九九〇年代に入り、また一人の中学生がいじめで自殺した。この中学生のいじめ自殺は、三〇歳をとうに過ぎていた私を精神的打撃で打ちのめした。先に書いたように、私には小学六年から高校一年まで感情がなかったが、その頃の（本来なら抱いたであろう）感情が、突然、私に襲いかかってきた。それは恐怖と復讐幻想とが合体した感情の固まりだった。何回も何回も、それは私に襲いかかってきた。このままでは、いつか私の精神は重い破綻をきたすことになると予想され、救いのない絶望感に見舞われた。

そんな時、子供時代に何年間も、本来最も信頼すべき家族の者から性暴力を受けて、その後もうつやさまざまな困難を生き抜いた女性の手記を図書館でたまたま見つけた。この書籍『甦える魂』(穂積純著、高文研刊)には、著者からの回復のためのネットワーク活動を呼び掛ける案内が掲載されており、私はそこに加入した。そこには、男性も女性も専門家もいろいろな人がいた。このネットワークの名称は『森』といった(実は『森』に加わるに際してかなり迷った。まず自分のずっと封印してきた少年時代をはじめて語ることの恐れがあった。また何より性犯罪は男性によりなされる、その男性がこのネットワークに接近するのは相手を当惑させ狼狽させるのみの侵犯的行為ではないか、というためらいもあった。しかし私は、自分の精神的破綻を防ごうと敢えて加入を申請した)。

私は、己の封印してきた少年時代のことを語り始めた。そしてカウンセリングにも通い始めた。そんな時、ある転機がやってきた。

私は、たまたまテレビで「X-ファイル」を見ていたのだが、その中で三〇歳代と思われる男性捜査官が暴漢に襲われ骨折して入院し、病室にその捜査官の母親が面会に来る場面があった。捜査官の母親は「モルダー!(男性捜査官の名前)こんなことになって!」と叫び激しく泣き崩れた。

このテレビの場面を見た三日後のある土曜日の夜、私は五〇分間の間、わんわん嗚咽した。私は小学生の時のある場面を想起して嗚咽したのだが、それはいじめの場面ではなく、ただマンガを読んでいる場面だった。そのマンガの中で、戦争のシーンが描かれ、次々と兵士が敵機に銃撃されて殺されていく、その時、兵士は「お母さん!」と叫んだ。当時小学生の私が『自分は、たとえ敵機に撃ち殺される時でも叫ぶ対象がないなあ』とふと何気なく感じていただけの場面が回想されて、激しい悲しみを感じて私はわんわん泣いた。心から泣いたのは、生まれて初めてだった。

この日を境に、家庭の不和は解消されつつあるようになったと思う。またこの日を境に、私のうつと、過去のいじめられている時に感じていたと考えられる恐怖が、そして私を小学中学時代にいじめた多数の同級生とその土地に居住しているすべての住民をすべて皆殺しにしたいという復讐幻想が、少しずつ消退していった。復讐幻想は一見気持ちよさそうに思えるが、その後の精神的疲労と動悸によるしんどさは、たかが幻想といって片付けられないものであった。その復讐幻想が崩れ始めた。

この復讐幻想と恐怖とうつの負のエネルギーが消退していく瞬間は、いささか突飛な比喩だが一九二九年一〇月二四日のニューヨーク株価の大暴落みたいなものである。それから後は、己の幼少時代を振り返り、鼻水が出るまで泣くたびに少しずつ負のエネルギーは減衰していった。最終的にその負のエネルギーがある一定のところで落ち着く、そのことを思い出してももはや感情が以前のように突き動かされることがなくなったのは、人生ではじめて嗚咽したあの日から約三年後のことであった。ニューヨークの株価は一九二九年一〇月に大暴落があり、その後約三年、三二年七月にようやく下げ止まったが、ちょうど私の精神の中の負のエネルギーも似たような経過をたどって減少していったのだった。

数年前、「アボジ」「オモニ」という単語を知った。芥川賞受賞作家、柳美里《ユーミリ》の小説に出ていた韓国の言葉で、それぞれ「父」「母」という意味である。私にとってそれまでは、「父」「母」という単語は、時刻表に出てくる全く知名度のない無人駅の名前と同じ、単なるひとつの名詞にすぎなかった。「アボジ」「オモニ」という単語を作家、柳美里の日本語で書かれた小説の中で見て、ようやく「父」「母」は人間の使用する言語の中で根本中の根本である重要な単語であることを悟った。

その後、子供が抱きついてくる時に、自分みたいな人間に抱きついてくるのかと思い嬉しかった。私は、皮膚は愛情の表現器官と思うようになった。「抱く」「なでる」「さする」これは夫婦同士の、また親と子の原初的な愛情表現だったのだ。私は成人して、うつに苦しんで本を読んで、やっとこのことを知った。幼稚園の子でも知っていることを成人になって学んだ。

今は昔ほど、いじめの光景を思い浮かべても圧倒的な感情をかきたてられることはない。三〇歳を過ぎて、ようやくツツジの花がきれいだと思うようになった。今までは植物や花の色に何かを感じるゆとりも余裕もなかったのだ。

生まれてから高校一年までの記憶は、たかだか一五、六年だが、私の実感としては地質学的年代のような果てしない長さの時間である。その後の二〇年以上の私の人生は、些少な付け足しのようなものだった。しかし、ようやく今では私の生まれてから高校一年までの時間は、それより後の人生より「少し長い」だけの感覚になってきた。私は、こんなうつの夫に付き合ってきてくれた妻と子供に感謝する。またいろいろな情報を与えてくれた本の著者、そして何より辛い時を支えてくださった『森』の方々に感謝する。

なお『心的外傷と回復』（ジュディス・L・ハーマン著／中井久夫訳、みすず書房刊）も私を支えてくれた大事な書籍だった。

日本では、刑法において近親姦（incest）の処罰規定がない。〝法は家庭に入らず〟が日本の伝統的な考え方で、今まで家庭内暴力も家庭内レイプも児童虐待も日本においては永らく否認され無視されてきた。学校で自殺者が出るまでいじめがあり、かつ問題が発覚しても、学校ぐるみで隠蔽工作が行なわれる。これらの事実は、日本は野蛮な後進国、子供や女性や弱者への暴力がはびこり、権力のある者にはいくらでもゴマをする中世的国家であることを如実に物語る。

しかしこの日本にもおいても、少しずつではあるが真実が明るみに出つつある。一九九八年五月に東京都が行なった「女性に対する暴力調査」では、夫やパートナーからの女性に対する暴力が広範に見られるということが明らかにされ、また九九年一一月には学者や弁護士らのグループ「子供と家族の心と健康」調査委員会が、女性の一〇人に一人は強姦されたりあやうく強姦さそうになった経験があることを明らかにした(『サンデー毎日』九九年一二月一二日号。回答数は18〜39歳の女性一二八二人)。

この世の中から、虐待やいじめがなくなる日が来るだろうか。二〇世紀は二回にわたる世界大戦があり、虐殺も人種差別も世界のいたるところで起こった。人間の飽くなき支配欲、権力欲、行き過ぎた競争主義を考えに入れることなしに、科学が進歩した美しい二一世紀が来るなど唱えるのは空しい。

私にとって本当のこと

鮎見時子

したいことが決められなかった私

私は、自分で自分がしたいことが選べない。友達に、中華か寿司のどっちか食べにいこうと誘われたとする。私は寿司が食べたいと感じているし、誘ってくれている友達は気のおけない人で遠慮がいらないのもわかっている。それに、友達が本当はイタリア料理が食べたかったとして、結果がそうなってもいいし、私が食べたいのは寿司だというだけの話。それなのに迷って決められなくて、困ったあげく、タイムリミットの瞬間に思い浮かんだ答えを口にしている。

いま食べたい料理の選択のような些細な選択だけではなく、もっと重大なことの選択すら、「どっちにする?」の問いかけに、すべて自分で選択できない力が働いて、どうしても選べない。

まるで、選択できないロシアンルーレット。運まかせに、偶然に口から出た方が結論になってしまう。何かが変。おかしい。私の中ではしたいことはわかっているのに、口から出てこない。そして選択できない偶然で、私の決断が決まってしまう。何でこんなになるんだと思いながら、変えられない。

なぜそうだったのか、理解できるようになった今、説明する言葉にしてみるとしたら、幼児体験の思い込みが無意識から支配していて、表面の私がいくら正しく判断したいと思っても、暴走。パソコンで言うならハードウェアのバグ、そんな感じだったようだ。この感覚、わからない人には「?」だろう。でも他によい説明が思い浮かばない。

「落ち着いて行動したらわかるはず」「気が多いから決められないだけだ」。この言葉、どれだけ聞いたろう。でも、そうじゃない。説明のしようがないけど、本当にわからない。そんな中で出会った『甦える魂』が、自分のことなんだから自分で言葉を捜して語ればいいんだ、と思わせた。『甦える魂』の後押しがなかったら、私の感覚の本当を「そんなのない」と言われることに抵抗して、絶対あると思い続けてこなかったと思う。

穂積さんが『甦える魂』の中で「虐待の向こうとこっち」と表現しているけど、その感じ、私にはリアルだった。何か全然違う世界観。何を話そうとしてもどう感じても、そんなのない、あなたの考え方が違う、と否定される。でも、私の中にはある。私と他人の心の質差の説明。「虐待の向こうとこっち」という考え方なら納得できる気がした。

被虐待体験は、心のハードにバグをつくり、後で成長して入れるソフトが正しくても正しく動作しないパソコン。パソコン使う時に、いきなりフリーズするような感じ。対処の仕方がすぐわかることもあるけど、わからないで途方に暮れることが多い。パソコンより何万倍も高度な心のシステムのフリーズ。こうしたい気持ちと、それが行動に結びつけられない理由。それを、ちゃんと説明できないこと。『甦える魂』は、一度も誰も認めてくれたことがなかったその感じを分かち合える人がいるらしいと教えてくれました。本を読んだ当時、すぐに自分が被虐待体験をしたと思ったわけじゃないし、だいたい何が言いたいのかすら見えなかったけど。『甦える魂』の混乱に、すべてが本当のことである潔さがあって、それで、ああそうか、私も本当のこと言ってもいいんだ、本当のことって格好いいことなのだとも初めて思った。

家族も夫も友達も、誰も知らない私の秘密。今まで一度も破産したことはないけど、破産すれすれカード枠ぎりぎりのローン。ショッパーズ依存、ギャンブル依存者だ。なんでこんなことになるんだ?と思いながら、やめられない。すべてのことが許せなくて、憎くて、すべてを呪いまくって。だけど〝いい人仮面〟はやめられないし。やめて失ういろんなことも、本当は好きなんだ。なのにこんなことしている私は、私じゃない。楽しくないといらいらする。しょっちゅう、テレビの受信が悪い時、何にも放送していないときの砂嵐みたいな、あれ。ただ、音も匂いも視覚の刺激もただそこにあるただの分子みたいにして通り過ぎていく感じ。とにかく疲れるんだ。何にもない空っぽなのに、決めろ、あれしろ、これしろ。そして、しなくちゃいけない義務、義務、義務。もう何でもいい、どうにでもなれ、嫌だ、今だけいらいらする気分から逃げたい。それだけでいい。こんなことしていたら先は困るのもわかるし、変だなぁと思うんだけど、しょっちゅうどうでもよくなる。今の私、かなり変。この状態を作り出している責任。全部が自分で選択した結果なんて言われたらたまらない。でも、おかしいと思うし、変えたい。なのに健全な自分を作るほどに、憎んで壊したい衝動も湧いてくる。抑えがきかない。なんで?

穂積さんの『甦える魂』で、私の混乱は本当にあるんだ、嘘じゃない、と初めて肯定の言葉を聞いた気がした。嬉しかった。実際には読んで何年も後の、三〇歳の夏のある研修会でカウンセリング実習体験をしたのがきっかけになって、それからもまた何年かいろんな出会いの中で考えて、それでようやく今だから言葉で説明できることで、『甦える魂』に出会った当時すぐにわかったわけじゃないけど、それがなければ考え続けなかったと思う。

「どうしてこうなっているのか」がわからなければ、改善の方法は見つけられないのは当然のプロセスだ。それより前に問題の事実をないことにされたら、もっとどうしようもない。フリーズしたパソコンに同じ手順の入力を繰り返しても動かない。原因はそのソフトじゃないのだ。

三〇歳のそのカウンセリング実習。その場では今まで通りの私がいて、変わりない私だった。後日考えてわかったこと。一つは、後日の研修結果報告で指摘されたこと。「人と横のつながりを作っていくためには気持ちよく分かり合うことが基本だが、今のあなたにはそれができると思えない」と指摘された。確かにそうだと思った。というのか、言われて初めて、そうか、会話の基本って楽しくすることなのね、と気がついたのだ。

私の家族は「ごねた者勝ち」をルールにした会話で成立していたので、怒鳴っていようが、優しいトーンで語ろうが、中身だけが問題で、それが違うことだとは思ってなかった。確かに、同じく分かり合うなら気持ちよく分かり合う方がいい。怒鳴られたら不快だ。でも私は、怒鳴りあうのも見慣れていて、普通だと思っていた。私のトーンが実際に私の感じているより激しいので、つられて相手の怒りを呼んでいることも多々あるんだけど、私には相手の怒りが特別なことには見えない。私の態度は、それまで関わった人には相当腹立たしい無礼な態度だったろう。今はこっちが怒らせる発言したのはわかるから、相手が正しいと思う時は態度をすぐ改めるようには心がけている。だけど、突拍子もない言動の多い人という印象をもたれるのは直らない。

もう一つ気がついたこと。全く知らない人と出会って、しかもカウンセリング実習という人の話を聞くことが前提の場面に出くわしてみて、私はまともに本当のことを語ろうとしたことがなかったことに気がついた。どうせ相手は理解する気もないと決めつけて、いい加減な言葉でしか語ろうとしたことがなかった自分の姿勢に気がついた。まともに語ろうと思ったことがなかったので、本当のことなんて何を語ってよいのか、見当もつかなかった自分がいた。それまで私は、一生懸命語っているつもりだったが、すぐ話すのを諦めて、投げやりな表現で自分から打ち切っていたんだなぁと思った。そして一番大事なこと、一番いままで知りたかった、なんで私は自分で何も決められないんだ? の答えがわかった。

私が知りたかった答え

カウンセリング実習で、目の前の人が、自分の母が目の前にいると仮定して泣きながら恨みをいう場面を見ていた時。その時は今までの自分のまま、ただ分析魔をやっていた。でも、後で考えて大事なことに気がついた。あの場面の私の心は、すべて「思う」と「考える」のみだったのだ。で、「感情はどこ?」「何を感じていたの?」と自分に問いかけて掘り出した感情。それは、「どうしていいかわかんなくてうろたえた」。それが、私の感情。初めて感情って何かがわかった気がした。感情は「思う」「考える」とは違うんだとわかった。

だけど、その時の私。一〇〇パーセント泣いている彼女の気持ちに共感できて重なる部分があったし、やましさなんてなんにもない。なのに、なんで私はうろたえるの? 私の心の芯に沿うりアクションが、なぜないんだ？　どんなリアクションしたいんだ？　考えても、感じようとしても、心にはただの空白しかない。感情は確かにある。だけど、表現しようとしても何も出てこない。ただ、心臓がどきどきして苦しくなるだけ。絶対おかしい、なんで?と考えるうちに、私が子どもの頃に家族といた当時の風景に結びついた。

母方の祖父母の家に同居していたのだが、祖父は私が生まれた頃にはすでに年をとって暴力を振るうことはなくなっていた。しかし、何にでもふいに見境なく理不尽な切れ方をする人だった。その祖父に、父、母、祖母が毎回まともに反応し、どなりあい。殴り合いはなかったが、何も解決せず、その場から誰かが消える。その後、その続きで蒸し返す誰かがいる時もあれば、忘れて何もなかったかのように笑い合うこともある。

だけど、一つ言えるのは、子どもの私には次の場面の選択権が全くないということ。次の場面の予測もできず、不安にさらされるだけ。今と後のつながりに理解できる法則がない。すべてその場の家族たちの気まぐれが決めること。うかつに関われば、ろくなことにならない恐怖。私またはの他の誰かが殴られるかもしれない。私に出来ることは、凍り付いて無視することだけだったように思う。何か感じるとか表現するなんて、してはいけないことだったのだ。何をやっても、いきなりわけが分からなくなる空白。極限的な生きるか死ぬかみたいな恐怖に結びついて、何にも考えられない。

そのパニックの心理が、勝手に意識とは関係なく心の奥に住み着いて、支配して、今の現実を飛ばしていた。考えたら、私の家族は特殊な人たちで、普通はいきなり切れて殴りかかったり怒鳴ったりなんてしやしない。普通というのは、人の心の中には時の連続性が安定して存在している。「さっき」と「いま」のつながりが見えることが当たり前だ。逆にそれが見えないと、人の心は不安にさらされるらしい。わかっているつもりだったけど、心の底は怯えきったままだったのだ。

実際に私の気持ちの中では瞬時にわかったのだけど、それから五年たった今でも、何が変わったのか目に見える部分の説明は難しい。かつての私。「さぁわからない」投げやりに放つこの言葉が口癖だった。それしか答えられないのが本当だった。自分の口から次に出る言葉、行動が、自分でコントロールして決定しきれない混乱。今だって、パニックの残りというのか、情報処理をオーバーして何を考えてるのかすらよくわからないことがしょっちゅうある。だけどそれ自体は、頭の中で処理が止まっただけで、焦ることもないし、ゆっくり判断してよいのだ。追い立てられてるわけじゃない。実際にそういう時、「今、頭の中が止まったよ」と表現すれば、「ああそう」で、たいがい通じてしまう。次の動作は焦らないで立て直せばいいだけ。追い立ててパニックを作り出していたのは過去の亡霊だったんだ。

理由がわかって少しはましになったけど、決定的に困るのは、感情を司る脳の機能中枢の部分にはうろたえる以外の感情リアクションが入っていないのかもしれない。そんな気がしてしまう。うれしい、楽しい、怒り、哀。その他の感情。心にはある。でも、脳でどんな感じと聞かれたら、全くわからない。ただ凍りついて停止した感じしかしない。頭の中を探し回ってもわからなくて、疲れる感じしかしない。ボディランゲージが全く作れない。脳の作るボディランゲージって極限のＯＮかＯＦＦだけで。凍りついてばりばりで動かないから、笑うことでとりあえず緊張を取らないと次の動作も出てこないし、考えることも出来ない。笑うようなことじゃないことも、いつも笑っている。私の本当は解体したままだ。

したいこと・意志についての考察

感情を意識することが出来ないで生きてきた私にとって、したいことを問われるのが苦手だった。あれがしたい。これがしたい。したいことを並べて比べることは出来る。だけど、そこからしたいことを選び出すことが出来ない。ひたすら比較検討分析しかできない。感情というやつがわかってみて気がついたのだけど、したいことを選ぶのは感情だ。「思う」や「考える」が意志決定するわけじゃなかった。したい感情が選び出す動機付けが必要だったのだ。

したいことを選べない状態にある感覚を、優柔不断と呼び、どっちかしか選べないのに欲張っているから決められないと思っていたけど、本当のところは、感情を持つことが否定され続けた結果、横並びの「思う」「考える」だけで処理しようとしているから、心のシステムとして本当にわからなかったのだ。

なぜ選べないかはわかった。だけど、気持ちがしたいことが意志だとしても、やっぱり沢山あるのだ。沢山のしたいことが存在してしまう。そこから選ぶ基準が一番やりたい気持ちだけで選んでいたら、長い先にはマイナスになることもある。どうやってベストを選択するんだろう？どうやらベストを選択する方法が「意志」と関係あるらしい。それって何？

この説明のまともな答えがない。説明出来ないらしい。本来なら、考えなくてもそれが当たり前らしい。だから、どうやって？なんて考える必要もないようだ。だけど、私はわからない。パソコンのハードの中身なんて快適である限り知らなくても困らない。バグやエラーや不都合が出ないと考えないようだ。それはそれで、ラッキーでよかったねと思う。でも、バグのためにわからない私は、説明されないとわからない。それで、考え抜いた私の結論。

「今、何をしたらベストかを考えて、今やることに優先順位をつける必要がある」

そういうことなのかなと思う。

意志決定って何かということ。多くの虐待の向こうの人は「それ、当たり前」と思うんだと思う。そして、「だからそれをいっているのに」といらいらするのかも。

だけどね。優先順位をつけて正しく選べるようになる意志決定の方法は、試行錯誤して学習しないと身につかないことで、ここの部分が足りないと全然当たり前じゃない。出来て当たり前が前提の説明では、困惑しか湧かない。

意志決定を訓練する機会を奪われて育つこと、それ以前に、自分が持つ感情の扱い方を子どもの頃から歪められてしまったら、感情の正常な扱い方は身につけようがない。自分で決められないということが、意志決定の優先順位をつける体験不足なら、それ自体は誰でもそうなるはずだ。意志決定能力は、学習して手に入れる能力のはず。

もう一つ大事なことは、優先順位をつけて後回しにしたやりたいこと、それが後でもやれると信じるには、時の連続に対する信頼が必要だ。「楽しいことは後でも出来る」。確かにそうなんだけど、「後」なんてなかったことばかり体験したら、今楽しいことにしがみつく感じになるのは当然で、まるで飢餓感みたいにしてそれに最優先が付く。今しなければチャンスは二度とない感じの飢餓感ゆえの選択。苦労しても無駄だという予測からの選択。見た目は確かに自分で選択したように見える。実際にそうしている。だけど、過去の記憶から学んだ歪みのせいで選んでいる。変だなとは感じるし、このまま選択していたらおかしいと焦る。だけど、どうしていいかわからない。正しい選択には、世界観を変えることが必要に思う。歪んだ軸を基準に努力しても、空回りし続けてしまう。

出来ないのは「したくないから」「怠けているから」と、やらないことも選択決定した自己責任かのように責められる。虐待の向こう側ではそうなのかもしれない。だけど違うんだ。被虐待体験者の感覚は、したい気持ちはある、なのにたどりつけないというのが本当のように思う。

「やりたくなくてもやらなくちゃいけないことってあるでしょう」

これもよく聞く言葉だ。でもこの言葉は変だ。事実は、嫌だと思ってもやれば後で手に入る結果が自分にプラスをもたらす予測があるからやる必要を感じるのであって、やらなくちゃいけないと思い込むことから選択していることじゃない。しなくちゃ、と思い込むことが動機ではない。

時の連続が実感でき、今の積み重ねが安定して未来に続くという感覚がないと、嫌なことをやる気になんかなれない。それと、優先順位を決定するには、時の流れの中での絶対軸がなければ常に相対的なその場面での判断のみ有効になってしまう。繰り返される被虐待体験の中ではその絶対軸感覚が麻痺して、理解できなくなることが多い。子どもが自分ではどうすることもできない場面にさらされ続けたら、生き延びるためには今を乗り切ることだけが問題で、本質的な善悪や正義も意味をなさないような感覚を身につけやすい。善悪なんて考えていたら、生き延びられない。あるいは、考えるだけ無駄なのだ。それに、未来への自己関与能力がある感じがしなくなり、常に外部が決定するかのような錯覚に落ちる。もちろん大人になった今は状況は違うのだけど、その感覚は無意識に巣くう亡霊となって、心の動きを支配し続ける。「過去のことなんだから」の一言ですむはずなんかない。

怒りの重要性

自己の尊厳や意志を取り戻すプロセスでまず一番に大事なことは、怒りだそうだ。失った感覚を取り戻す最初に出てくる感情は、怒り。それは、でも、考えたらひどく当然のプロセスに感じる。

生まれてすぐの乳児の世界。感情が分化しない状態では、快と不快しかないわけで、人の感情「喜怒哀楽」はすべてそのどちらかに分類される。「快」はあえて表現する必要があると思えない。とにかく細かい感情に分けられない初期の段階では、怒りがすべての意志表現の方法なんだ。それがないことにされたら、感情の分化どころじゃない。

やり直しの原点が、怒りだ。そしてそこから、少しずつ怒りのいろんなトーンや「怒」「哀」にも分かれるんだ。発達って、そういうことだと思う。ところが、「怒ること」があまりに否定され、良くないことみたいに思われていて、原点を取り返しにくい。原点がわかんないのに、感情の他の細かい感覚なんてわかるはずもない。

インナーチャイルド

心のセルフケアの本などにはよく出てくる「インナーチャイルド」。自分の内なる子どもを愛しましょうという。やってみた。中学生、小学生の頃までの子どもは思い描けたが、幼児以前の自分、内の子ども、いくら思い浮かべようとしても空白。閉じこもっているようには感じたが、私が自分の幼児期は多少の理不尽はあったけど普通の家庭と信じていたので、もしかして自分で思うよりは深刻な子どもだったのか?とちょっと思うくらいだった。

それが、いろんな発見につながったカウンセリング実習をやった日の夜、ふいに自分の内側の子どもが顔を出した。びっくりするくらいフリーズアイをした怯えた子ども。まるで今、自分がすべてに怯えておどおどしている姿の原型。見たくなくて叩きたくなった。だけど、あんなになっているのに叩くって、ひどすぎないか?と理性の声がしたから、叩かなかった。そして、その夜。とにかくひたすら頭の中に沢山の人の視線が飛んでくるのだ。繰り返し繰り返しいろんな視線。どうにかなったのかと怖かった。眠れず夜が明けた頃には、その感じが消えて普通に戻った。そして、

「ああそうか、ただにらまれていると思って怖かったけど、あの視線の中には笑いや楽しそうな暖かい視線だって沢山あったじゃない」

と思った。

この体験、確かに自分でかつての家族からの印象のまま他人に幻の敵意を見ていたし、本当は好意を示してくれた人にも怯えていたし、本当のこと見えていなかったんだなぁと思うし、すご

く象徴的な意味はあった。でも、セルフケアのめざす、自分と和解する本来の目的とはほど遠いと私は思う。私の感想は、

「凍りついて笑いもしない子どもにどうしろっていう？」

なのだ。つい最近までどうしてよいのかわからなくてただ放ってあって、だけどそれは実は冷たい視線を投げつけての虐待かしらと思い、気持ちを受け入れる感じに切り替えてみた。上手くいえないが、拒否する気はなかったけどそのままではいけない気がして変えたかったのだ。だけど、その変えようって気持ちがすでに否定のような気がして、あるがままでいいやって思い直した。時々のぞき込むと笑っているような気もするが、正直言えばまだ怖くてまともに見つめられない。なぜなんだろう。わからない。でも、本によくある、なりたかった、かわいらしい子どもを思い描こうといわれるのは、だってじゃあ、あのおどおどした子どもは？って気がして可哀想で嫌。いま私が思えることはここまでで、自分の過去との和解までは遠い。だいたい、なぜかわいらしいなんて枠を押し付ける？　どうも何か違う気がして仕方ない。

人の健全な心というのは、浄化作用で保ち続ける海のような気がする。汚されることがなければそれが当たり前だし、ある程度までは浄化能力があり、自己再生可能だ。でも、浄化能力には限度がある。

今までは、ヘドロの海状態の心になった人は沈黙させられていた。「汚い」イコール「恥ずかしい」という羞恥心があるから、沈黙させられることに耐えてきた。心の海はクリアで浄化できて当たり前という前提でしか言葉感覚も存在しない。自分がいけないから心の海を汚すのだ、責任は自分にあると責めてきた。

でも、飽和に至った責任が全部私のせいだけじゃない。他人のゴミを押し付けられたり、浄化の限度の尊厳のためのマナーを守らない家族や社会から学習したプロセスから、こうなった。汚れてしまった海は、浄化のための特別プログラムがないと、生きやすい海にはならない。明らかに違いがあるように思う。決して「みんな同じ」とはくれないはず。自己浄化が前提の感覚からの言葉で分析されても、困惑の方が大きい。

私の家族、そして、今とのつながり

インナーチャイルドがフリーズアイの子になるような幼児体験って何なんだ、と自分の家族のことを思い出そうとしても、断片的なことをぽつんぽつんと覚えてはいても、ほとんど記憶にない。記憶すること自体拒否したらしい。わずかによく覚えているのは、祖父がテレビのCMのことで何かぶつぶつ文句を言っていて（そのCMのたびに言っていたような気がする）、そうしていると母か祖母がそれにコメントをして、祖父がそれが気に入らなくていらつきはじめて、なんでそ

んなに怒るんだと祖母か母が言い、そしてそのこととから今のこととは関係ない昨日の夕御飯の文句であったり、一年も前の法事の時のこと、とにかく何かほかの気に入らなかった話とどんどん結びついていき、それを眺めながら、ああ始まったなと私は思い。そしたらその後のことは何にも覚えていない。そこでプツンとスイッチを切ったようにフェードアウト。真っ白。

フェードアウトの瞬間の感覚は確かにある。その後はない。フェードアウトの瞬間までの感覚しかない。子どもの私はフェードアウトする以外どうしてよいかわからない事態が日常茶飯事だったんだと思う。だって、テレビのＣＭの話から、一瞬前までみんな笑っていても、なぜそこへたどりつくのか理解できない脈絡ない話の展開で、母が養女だったせいもあるかもしれないけれど、もう出て行けと着の身着のまま明日もない話になるかもしれないなんてことが日常茶飯にあったんだ。いつも母が、出て行かない、と何時間、時には何日も頑張ったから、家族が続いただけ。親たちを見ている限り、一秒後だって予測不能で、なおかつ子どもだった私には関わる権限がない。世の中のルールはそういうことだと、子どもの私が思い込んだとしてもおかしくない。しかも、意識しない無意識世界へ潜り込んで、闇から意識を飛ばし続けてきた。

今と過去の切り離しは、今は出来た。でも、わかったからすべてがそれでハッピーエンドにならないのが被虐待だ。

最近、過去の異常体験からくる心のシステムバグとしてＰＴＳＤがやっと認められるようになっ

ない。

でも、それは未だに例えば阪神大震災などの大事件に巻き込まれたなどでしか認められていない。

崩壊とか崩落も、例えば水の浸食から始まることもある。結露で黴びて住みにくい家とか、岩やコンクリートの腐食も、少量の水の作用の積み重ねで、一見「たかがそんなこと」の集積で起こる。虐待も一つひとつのエピソードを単独で切り取って分析だけしても、全体像の痛みや問題に結びつかない。原因の特定がわかりやすくない総合的なことで発生している問題だって存在する。

「たかがそんなこと」「みんな同じ」「家族の軋轢はどこにでもある。あなたが特別じゃない」

そう、いきなり切り返されたら、結局いま私が困っていることへの対処のしようがない。

被虐待体験。かつての恐怖。理解不能なこと。強烈な体験。それらは普通の記憶と違い、その体験によって想起される音、匂い、色、とにかくそれに結びつくことによって拒絶感覚が起きたり、そのときのことがそっくり感覚の中に再生される。これって実は、生存のための防衛プログラムとしては良くできている気がする。身の危険を察するのが早くなくては困るから、すべて覚え込んでそして過敏になって身を守るのだ。だけど、その過剰さがＰＴＳＤやトラウマと呼ばれるような、過剰さゆえに日常のありとあらゆるもので追体験することになったり、パニックになったり、普通の日常生活を難しくするのだ。

昔のことにこだわるなというが、実際考えたら過去に捕らわれていたい人なんているんだろうか。誰だって、軽やかに前向きに生きたいに決まっている。だけど、生存のための防衛システムの過剰さゆえに過去が切り離せないのではないか。そんな気がする。例えば、夫がそうだけど、昔、うどんでの食中毒になったために、未だにうどんは食べられない。口に入れただけで吐き気がするそうだ。過去のうどんの食中毒体験と今のつながりなら、多分多くの人があぁそうなんだなのに、家族がらみの被虐待となると、過去のことだ、つながりはないという。なぜだろうか。

母は私と弟の間の子どもを中絶したそうだが、その理由。母いわく、

「おまえが弱かったからね」

この話、つい最近まで、ああそうなの、で聞き流していたけど、最近ようやく、まてよ？　それ聞き流していいの？　と気がついた。だけど、どう受け取って、どんな感情が湧けばいいのかは全然わからない。何を感じて、何をしたいかなんてのは、生きていく上で意味がある感じはしなかったし、ある方が困るようなことばかりだったから、封印したのかもしれない。

被虐待の記憶って、どうしていいのかわからないことを無理やりに記憶情報をしまう押し入れにしまい込んでしまうから、後でいざ使うときには、ごちゃごちゃで、開けたら何もかも崩れ落ちてきて困惑する感じになるのかもしれない。今、必要なことがどれかもわからないくらい、押

し入れから情報が崩れでてくるのがトラウマだ。

これを書いていて、母親と友達のふりするのがつらくて追い込まれてその子どもを殺した被告のことを連想してしまう。言えない苦しみ沢山あったんだろう。怒りも溜め込んで。だけど、それを向けるのが弱い方へというのは、してはいけないことだ。とんでもない。腹立たしいし、弁解すべきでもないけど、説明できない苦しさをああでもしない限り、「みんなやっている」「たかがそんなこと」とまわりは否定し追い立ててきたはずだ。そう言い続ける社会は変だと思うし、その一部にいる私は嫌だ。変えなくちゃと思う。

虐待の定義について被虐待体験者からの意見

「虐待」は英語の「Abuse」を訳した言葉だそうだ。だけど訳すときに大事なことをすり替えた気がする。「Child Abuse」の「Abuse」は他動詞で使われていて「Abuse」だけで一人歩きしない。日本語訳の「子ども虐待」の虐待は名詞だ。動詞で使うときには「子どもを虐待する」になり主語を虐待を行なう加害者にしてしまっている。主語を加害者に取り替えてしまった。たかが言葉ですまない大事なことをすり替えた。加害をダイレクトに問う言葉は、「親権の濫用は犯罪だ」なのだ。

もう一つの問題は、虐待の言葉にはそのとき限りの行為を示す含みしかないために、もし、

「私は虐待されました」と表現しても、「ああそう」で今につながる言葉じゃない。「Abuse」にはある、弊害とか悪習とかそのことから今も問題があるという大事なこと、今につながる含みが消えてしまっている。今、私が「私は虐待されて育った」と使っても、今の私は含まれず、「何で今更こだわるか？」という話になってしまう。過去に学んだ社会スキルが間違っていた修正や、今はまだほとんど少ししかわかっていない被虐待のストレスから生じる脳の情報処理のバグ。これには時効がなく、被虐待のその後に一生影響がある。でも、虐待という単語からは感じにくすぎる。

この話、何人かにしてみたけれど、「そう、変だよね」というのは、被虐待体験者がほとんどで、サポート側の人たちには伝わりにくい。「行為の関係性の問題を示しているだけ」みたいなことを言われたこともある。ますます虐待には「こっち側」と「あっち側」があるのね、と思うようになってしまった。知らないことなんだから、根気よく話すことでわかってもらうしかないんだろうなあ。疲れ果てない程度にがんばろう。語ってもよくて、闇で苦しんで依存症その他で崩壊していくことがすべてその人のせいにだけされてきた時代より、語れる今がとても嬉しい。

魂の成長とともに

郷照葉

私の中で大きな傷となったのは、小学五年（十歳）の頃に実兄（小学六年）より受けた性暴力でした。兄はいわゆる優等生タイプで先生や親の前では良い子をしていました。

家庭は、外から見れば中流。仕事一筋の父と、家庭を守ろうと必死の母（耐えるタイプ）のアンバランスで成り立っていたような気がします。

父は、男尊女卑が身についた人で、本人に自覚はないようですが、幼い頃から私は、男が一番、女はどうでもよいという扱いを受けてきました。女性の裸の載ったグラビアを得意そうにちらつかせ、子どもの反応を楽しむようなところがありました。社会での抑圧を、この手の本で慰めていたのでしょう。女の役目はそんなものと思っていたのかもしれません。

母は、女として生まれて不幸だ不幸だと思いながら、結婚生活を続けてきたようです。以前もらった手紙に、そう書いてありました。耐えて我慢している女の悲しさは、長女である私の中にもすんなりと入ってきました。彼女の処理できない愚痴は、せっせと私の方へ捨てられていきました。

そうした中で、寒い冬の夜、事が起こりました。性的知識のなかった私は、何が何だかわかりませんでしたが、不快で気持ち悪く、とんでもない事ということだけはわかりました。

すぐに両親に伝えたのですが、母は慌てふためき、父は一言。

「○○が誘惑したのではないか」と。

その言葉は私の耳の中で何度もこだまして、ただただボーっと立ちつくすだけでした。

その後、母は、兄に注意したからとは伝えてくれましたが、「誰にも言ったらいけない」の一言が威圧感とともに私に落とされました。

兄はこの一度だけでなく数度私に接触してきて、私が抵抗しても体力ではとてもかなわず、そのたびに母に言うのですが、「そんなはずはない」の一言だけ。この事にふれると、私は、睨まれ怒られるようになりました。

そして毎日が何もなかったかのように過ぎていきました。

子どもだった私にとって、家庭は唯一の寄りどころでした。そこで、私が黙ることによってこの家庭は救われるのだと思い込むことでバランスをとろうとしました。

そうすることで、両親も私を認めてくれるはずと……。

幼い考えかもしれません。でも実際、誰も私の話を聞いてくれず、これが私の両親に対する精一杯の思いやりだったのです。


そうして成長するうちに――自分は皆と違うという疎外感と、体に対する罪悪感に支配されるようになりました。

他人の顔色を見て同じように反応し、関係のない他人の怒りの原因が自分のせいだと感じるまでになっていきました。

今まですんなりできていたことさえできなくなり、体がだるく、様々な症状が出てきました。私の中では原因はわかっていたのですが、どうすることもできませんでした。身体の症状だけは、病院に行って薬（腸の薬など）が出ることもありましたが、ほとんどは何の異状もなしと診断されました。

自分で自分の体・考えがコントロールできない――。それでも、家庭では症状を訴えても無視され、誰も相手にしてくれないので、一人で重い体をひきずり、体の症状を感じないようにしながら、学校へ行きました。

そうするうちに、本当の自分のほかに、どうにか社会の中にいられる別の自分（第二号）をつくっていったようです。この場面ではこう、この場面ではこう、と、自分の感情には関係なく、苦しみながら、あるべき姿というのを身につけていったのでした。

昼は、頭痛がしようが、しびれがあろうが、中身のない（勉強など頭に入らない）形だけの生活を送り、夜はかろうじて聞けるクラシックで頭痛を和らげようとしたり、幻覚をみてもこれは本当でないと自分を制し、やっと寝つければ、悪夢を見て涙でぐしょぐしょで目が覚めました。

そのうちに、周りから聞かされる「苦しいのは、みんな同じだ」の言葉に、皆と同じようにできないのは自分が至らないからだと、自分を責めるようになりました。

こうした症状は高校時代がピークで、宙に浮いているような不安定な体と割れるように痛む頭、そして流れでる涙をおさえる術もなく、

「私、おかしい。精神病院に入りたい！」

と友人に絶叫したところ、何も知らない友人が、

「病院なんか入ったらどんなことになるかわからん。メチャクチャにされるよ」

と声を返してくれ、その言葉に救われました。私の言ったことに対して返事をしてくれたというそのことに救われたのです（やりとりはそれだけで終わり、原因などこれっぽっちも話せませんでした）。そして、どこにも私を助けてくれる道はないと、一人暗闇に再び戻った瞬間でもありました。

その後もあいかわらずの毎日でしたが、いま思えばあれが大きな別れ路だったと思います。

どうにか高校を出て、就職しました。

頭の中はいつも小五のときの事件が占めていたのですが、感じないふりをして仕事に没頭しました。他人と関わらないよう身をひきながら、あるべき姿にすがることで精一杯の毎日でした。

その頃は、原因不明の微熱と、医者も首をひねる血尿（腎臓病）が続きました。家庭での私の位置は変わることなく、夜はあいかわらず悪夢の連続でした。

そうして、反対されながら結婚して一〇年、現在男の子一人の母親として、この手記を書いています。

結婚したところで、私を取り巻く状況はさほど変わらず、つれあいの実家は農村で、男尊女卑（家制度）が当たり前にまかり通る環境でした。そしてつれあいも、家制度の影響を受けて育った人でした。

私が女として生まれた、ただそれだけで、どうして嫌な目にあいつづけなければいけないのだろうか。男たちから蔑まれ、自分を壊していかなければならない。

私の意志とは関係なく、性がおとしめられていく。

子どもが小学校にあがり、私が仕事を辞めてから、ようやく自分を振り返る時が来たのだと思います。ＣＡＰの活動を知り、何かしら魅かれてメンバーになりました。数カ月たってから、これは私自身のことを話しているのだとやっと自覚できました（感覚が鈍磨しているのです）。

それからＡＣグループを知り、一度参加しました。私は何も話せず、ただ最初から最後までわんわんと泣くことしかできませんでした。

私はずっと泣き場所を探していたのだと思います。

その翌朝、鏡を見て〝自分がここに居る〟と自分の中からの声を体で感じました。不思議な体験でした（乖離していたものが一つになったのかもしれません）。

それから三年間は、フラッシュバックの嵐の中にありました。中学・高校の頃のように、文字が読めなくなり、何を見ても涙が流れ、吐き気とともに大きな目まいで寝込むこともありました。それでも長年の努力の成果でしょうか、子どもとつれあいの前では気丈に日常生活をしていました。悲しいことです。

その中で、様々な事を思い出すこととなりました。私は、この性暴力のほかに、幼い三歳ぐらいの頃、砂場で「遊んであげるよ」と声をかけられ、三人の制服を着た中学生にアパートの物置で性暴力を受けていました。指や木を入れられ、石を入れようとされたところで、中の一人が「かわいそう」と言い、解放されたのでした。「この事を話せば、お前のお父さん、お母さん、家族みんな包丁で刺して殺すからな。血がどばっと吹き出るぞ。お前の家は知っているからな。言えばすぐわかるぞ。わかったら後を振り返らずまっ直ぐ家へ帰れ」と脅されました。中学時代に訪ねた友人のアパートの物置、引っ越し手伝いに行った高校の先生のアパートの物置、そして友人のアパートで子どもが遊んでいた物置……物置を目にすると、意味がわからないままいつもの悲しく気が遠くなり、息苦しい動悸のおこっていたわけがやっとわかりました。

それから、小学校低学年の頃に父親の心理的虐待にあい、激しい自家中毒にかかり、命の危ない所までいっていました。

この二つは、まったく記憶からきれいに排除してきた部分でした。いろいろな事を思い出すたびに、男や社会に対して感じてきたもののつじつまが一つ一つつながっていきました。

私は自分が、いかに男は怖いものかという呪縛を受け続けてきたかを改めて思い知りました。穂積さんの言うように、回復への道は、螺旋階段を昇るようなものだとつくづく思います。

両親に認められるという幼い頃からの唯一の私の救いは、あっけなく踏みにじられました。母もまた、女性の生を恨みながらどうしようもないと生きてきた人で、父・兄に至っては、何とも感じてさえいないということを思い知ることとなりました。

もともと乏しい自分の存在価値を疑い、感覚をどう扱っていいのか無に近い状態に何度も投げ込まれ、死とたたかう。毎日がこの繰り返しです。私の感覚は、世間一般の常識と離れているところがあります。この世は何でもありの世界だと思います。価値観は人の数ほどあると思えてなりません。

長年のパターンで、どうしても素直に反応できない私がいます。人の一喜一憂を見て、なんだそんなことでと感じてしまいます。悲しいことです。一度ばらばらになった感覚は、改めて一つ一つ探りあてていかなくてはならないようです。

この世は、男と女だけ。

社会の仕組みを鵜のみにした男が、女を傷つける。

社会の仕組みに耐える女が、女をおとしめる。

仕掛けた方は、深く考えずに傷つけて罪の意識など感じない。それが慣習であったり、社会での男の姿だと信じているから。

仕掛けられた方は、死の恐怖に脅えながら、生と死のはざまで、大いなる謎解きにこの身を費やさなくてはならない。

生を望むなら、この世で生きるしかない。この男たちと生きるしかない。

どうひねろうと、生きる道はそれしかありえない。

自己肯定感と存在価値も、この中で見出すしかない。創っていかなくてはならない。

自分で感覚を変えていかなくてはならない。

長い謎解きをしている私が受け入れたものは、長年のパターンの中にあっても、自分の価値をより良くしていくと位置づければ、やっていけそうだという結論でした。

できないこと、嫌なことも、より良くしていくと思っていれば、少しずつ変えていける、と。

苦しい思いも、この価値観のための一つの道なのだ、と。

人と関係をもつことは、感覚の違いにエネルギーを使い、疲れ果ててしまうことが多いのですが、やっと大勢の中で自分の線引きができつつある自分が居ます。

人は、言葉（想い）によって救われ、言葉（想い）に支えられて生きていくものと知りました。

怒りは、自分で昇華しない限り、違う角度で弱い立場のものへと向かうことも知りました。

今の私は、子どもに言わせると、毎日悲しい顔と怖い顔をしているそうです。不評です。自分では、普通にしているのですが、これが私の姿なのでしょう。でも、きっといつか笑顔がもてると信じています。

どれだけのことができるでしょうか。とりあえず、今は苦しくない範囲で新しい価値観を学んでいます。ホームヘルパーをしながら、細々ながらＣＡＰ活動をし、親業も知りました。息子と一緒に性の絵本を読むこともできました。

世代は、繰り返すといわれます。

自分のしてもらっていないことを、次の世代にしてあげることは苦しいものです。

この苦しさを引き受けて、少しずつでも前向きに暮らしていくことが、私の唯一の道だと思います。

まずは、私と付き合うことのできる希少価値である二人の男性――つれあいと息子と共に生き、関係をつくっていくことから始まると思っています。

生理的に受けつけきれない時もあり、子どもへの接し方でひどく苦しんだ私が、もう一人子どもがいてもいいかな、と思えるようになりました（仲間づくりかもしれません）。

よくここまで来たと、自分で自分を誉めるのも上手になりました。人が認めてくれないなら、自分で自分を誉めてあげればいいと気がつきました。

名前も、嫌で嫌で捨てさりたく呪わしいものでした。今も決して好きな部類ではありませんが、それなりになってきました。

きっと、自己肯定感が持てるようになってきたのだと思います。

やっと、今の自分までいきつきました。

世間ではよく、忘れなさい、忘れないとあなたの人生がダメになりますよ、という言葉が発せられます。理屈では理解できるし、前向きなアドバイスだと思います。しかし、人間の体は理屈では割り切れない部分が大きいと思います。

自分が意識として覚えていないことも、体が様々な反応をします。魂というものがあるのなら、生まれてからの出来事をすべて刻んでいくのだと思います。そして認識できていないことは、謎解きをして、それが何だったのか（感情を整理しながら）理解するまで、区切りが来ないのだと思います。大事なことは、忘れることではなく、自分なりの区切りを迎えることだと私は思います。

今の子どもたちの子ども時代に、
そして、
昔の子ども時代を生きた私たちに、
信じて話のできる人との出会いを、
必要な本や芸術との触れ合いを、
自然との豊かな語らいを、

心から願います。

人としてどう生きるか、
何を生業としていくのか、
これからの私の課題です。

あきらめない瞳

福山さくら

母親とは無条件の愛情を注いでくれる人。それが常識とされるこの世の中で、私は愛されないばかりか逆に痛めつけられ、虐げられ、肉体的にも精神的にも拷問のような目にあわされながら生きてきた。

極限まで追い詰められ、具体的な希望など何も見いだせない日々。だれ一人として私を救い出してくれる人はいなかった。それでも私は『生きる』ことを諦めなかった。そして、ついには自由を自分の力だけで勝ち取ったのである。

「近所の人が私を変な目で見るのはお前のせいだ!」

「お前のせいで舅や姑からあれこれ指図されてうんざりだよ!」

「お前のせいで夫婦喧嘩が絶えないよ！」

「お前なんか産むんじゃなかった！　あたしの人生はお前のせいで目茶苦茶だよ！」

「産んでやっただけでもありがたいと思いな。子供っていうのはねぇ、生かすも殺すも親の自由なんだよ。殺されずに生かしてもらっているだけでも感謝しなきゃいけないんだよ。それなのにどうしていろいろと面倒をみなきゃいけないんだよ」

母は自分の人生に起こる不幸な出来事は全部、私のせいだと言った。そしてその怒りを〈暴力〉という形で私にぶつけてきた。私は幼い子供だったために、母と実の親子だったために、最も危険な人物と一緒に暮らさなければならなかった。

「口で言っても親の言うことをちっとも聞かないから、叩く以外に方法がなかった」

「子供の将来を考えてあえて心を鬼にしたんだ」

『しつけ』『教育』には少しくらいの体罰は不可欠」

そんなふうに、母はいつも言い訳をしていた。けれど、暴力を振るう親にとって「正しいか、正しくないか」はどうでもよいことであり、「気に入るか、気に入らないか」だけが重要なのだ。世間の常識と比べる必要などはなく、すべては親の気分次第であり、その判断には「公平」とか「正義」など全く意味が無いことなのである。

しかし、子供に強い肉体的暴力を加える虐待は決して「しつけ」でも「教育」でもない。その行為は「残虐な拷問」でしかない。

父はいつも力ずくで私を助けようとしてくれた。そのためには母を強く押えつけたことだってある。けれど、父が母に手を挙げたことは一度だってなかった。むしろ逆上した母はいつも父に向かって物を力一杯投げつけたり、つかみかかったりしていた。

「この子は私の言ったとおりにしなかった！　だから徹底的に痛めつける必要があるのよ！」

「何言ってんだよ！　止めろよ！」

「なんで邪魔するのよ！　あたしの不幸の全ての原因はこの子なんだよ！」

そして母は、「何するのよ！　あたしの邪魔をする奴は絶対に許せないからね！」と言って、「夫が私に暴力を振るった」と近所の人や、時には警察に嘘をついた。母は自分の邪魔をする人間を決して許さなかった。

後から母は、そのときのことを得意気に私に語った。警察は父が「妻が子供に暴力を振るうから、それを止めさせようとして押えつけただけなんです」と言っても、「母親が子供にひどい暴力を振るうことはあり得ない。また、女性である妻が、夫に暴力を振るうことは不可能。妻が少しぐらい暴れたって、夫は男性なのだから問題はないはず」と言って、母の嘘を信じたと言う。

「この世の中で『母親』ほど偉い人間はいないんだよ。『母親』はいつも絶対に正しいんだよ」

それが母の口癖だった。

父が体を張って私を守ろうとすれば、母が必ず大騒ぎするので、だんだん父は母に手を出せなくなっていった。

それに母は、父が仕事で家にいないときに「お前のせいで昨日はお父さんと喧嘩になったんだよ。まったくお前のせいで、お母さんはどんどん不幸になっていく。全部お前が悪いんだよ」と私を責め、暴力を振るった。

父はそのことに気が付いていた。しかし、虐待を止めさせようと、父が母を二四時間見張っていることは出来ない。会社に行かなければ、家族が生活ができなくなってしまうからだ。しかも、へたに母に注意をすると、そのことでかえって私が酷い目にあってしまう。父が会社にいっている間、私はまるで「人質」だった。父は夜勤のある仕事をしていた。そのために、一週間に何度かは一晩中、私は母と二人っきりですごさなければならなかった。

「風呂に入りたかったら自分で沸かしな！」そう母に言われても、幼い私にはどうすることもできない。「いいかい。これはお母さんがわざわざ自分で沸かしたお風呂なんだよ。だからお前には入る資格がないんだよ」。私は父がいないとお風呂には入れなかった。また「なんで親がわざわざ子供のために料理をしなきゃいけないんだ」と言って、父がいないときは、ほとんど何も食べさせてくれなかった。

父が幼い私を守る唯一の方法は、「母の暴力行為に気付かない振りをすること」だったのかもしれない。

母が私の育児を放棄し、暴力ばかり振るうことに悩んだ父は、何度か母を置いて私と二人だけで自分の実家に避難した。けれど、母は必ず追いかけてきた。

母は父の実家にやってきては、「こんな子の面倒ばっかりみて、どうしてみんなもっと私を大事にしないのよ！　私は『母親』になったんだよ！　お産をした私は誰よりも偉い人間なんだよ！」と一方的に怒鳴り、父の実家に勝手に居すわった。

父の実家には、おじいちゃん、おばあちゃん、そして二人のおじさんが住んでいた。常に誰かが家にいる状態だった。それでもだれかが少しでも油断したり私から目を離せば、母は私に暴力を振るった。

父の実家にいる間、おじいちゃんやおばあちゃんが私の生活のすべての面倒を見てくれた。母は完全に育児から解放されたはずだった。けれど、母の怒りは少しもおさまらなかった。

母は警察、市役所などに、「夫は妻である私を扶養するべきなのに、責任を果たしていない。これでは専業主婦の私は生活できない。つまり夫は私に『死ね』って言っているんです。殺そうとしているのと全く同じなんです」と訴えた。

母はいつも自分の『母親』『主婦』『女性』という肩書きを利用し、自分がいかに弱く保護されるべき人間であるかを周りの人たちに訴えていた。それに対して『男性』である父と『子供』である私の立場は余りにも弱く、周りから本当の状況・現実を理解してもらうことはとても難しかった。

父は、私が中学生になってからその時のことを「あのとき、お父さんはお母さんと『離婚』することも考えた。だけどお母さんの暴力を理由に、そしてお父さんがおまえの『親権』を持って離婚することはとても難しかったんだよ」と教えてくれた。

結局、父と私は母のいる家に戻るしかなかった。

父方の祖父母は頻繁に電話をかけてくれ、私の様子を心配してくれた。またたびたびやってきては、母の代わりに家の掃除や洗濯、食事の支度などをしてくれた。私の具合が悪くなれば、父から連絡を受けた祖父母が私を病院へ連れていってくれ、泊まり込みで看病してくれた。

あの頃の私はやせ細り、哀れで汚らしい姿でいつもおなかを空かせていたけれど、近所のおばちゃんたちはそんな私に優しく接してくれた。私は近所のおばちゃんたちが大好きだった。

「その怪我は一体どうしちゃったの。お母さんは手当てしてくれないの。かわいそうに。おばちゃんの家にちょっとおいで。薬を付けてあげるよ」そう言って血がにじんでいるところに薬を付けてくれた。

「あらあら、女の子なのに髪の毛がくしゃくしゃだよ。髪の毛っていうのはね、毎朝ブラシでとかすものなんだよ。えっ、知らなかったのかい。じゃあ、おばちゃんが教えてあげるよ。とかしてあげるからね」そう言って、可愛らしく三つ編みにしてくれた。

「なんだか顔色が悪いよ。ちゃんと御飯食べさせてもらっているの。どうしてあなたのお母さんはちゃんとした御飯を作って食べさせてくれないのかしらねぇ。そうだ、魚を煮たのがあるんだよ。ちょっと食べていきなよ。いま温めてあげるからね。ちょっと待っててね」そう言って煮魚を食べさせてくれた。しかも骨をきちんと取ってくれた。

「あのね、どうしてもおなかが空いたらおばちゃんに言いなさい。いつでも御飯食べさせてあげるよ」その人は時々、こっそりと私をお風呂に入れてくれ、「お風呂に入ったことはお母さんには言わなくていいんだよ」そう言って、髪の毛をきちんとドライヤーで乾かしてくれた。

おばちゃんたちは私に同情するだけではなく、時折私の母にもいろいろと注意してくれた。けれど母は、近所の人たちに注意されることを「娘のせいで皆に非難された」と受け取り、その怒りを私にぶつけてきた。

「よくもお母さんの悪口を近所中に言いふらしてくれたね！　お前のおかげでお母さんが変わり者みたいに思われたじゃないか！　どうしてくれるんだよ！」

母は、痣や傷だらけになった私が近所の人たちの目にふれることを物凄く嫌がった。そして私は家から出ることを制限され、窓から顔を出す時ですら母の許可が必要になった。母は出かけるときは、私が家から勝手に出ないように、私を家の中の柱に縛り付けたり、洋服ダンスに入れて外から鍵を掛けて閉じこめたりした。

母は何度も私に、「近所の人たちはみんなちょっとおかしいんだよ。だから、皆の言っていることを信じてはいけないよ。お母さんの言うことだけを信じれば良いんだからね」と言った。

近所のおばちゃんたちはいつも私にとても優しくしてくれたし、当たり前の日常生活を教えてくれた。歯磨きのこととか、うがいの仕方とか、生活の基本をたくさん教えてくれた。何よりも、母といるよりもずっと安心できた。そして、幼心にも、おばちゃんたちの言っていることはみんな正しいと分かっていた。

「お母さんが、近所のおばちゃんみたいな御飯を毎日食べさせてくれるようになったらいいな、毎日お風呂にいれてくれたらいいのにな」私はいつも心から願っていた。

けれど、私がいくら母の言いなりになろうと努力しても、酷い暴力にも歯を食いしばって泣くのを我慢しても、母の代わりになって家の掃除や洗濯、買い物をしても、母は少しも変わってはくれなかった。父と母がどんなに激しく言い争っても、祖父母が母を手助けしても、近所の人たちが何を言っても、母はちっとも変わってはくれなかった。ただ母は、日常生活の不平不満の憂さを晴らすかのように私に暴力を振るい、私の生活を脅やかした。そして私はいつも母の顔色を伺い、怯えながら生きるしかなかった。

体に目立つ痣や傷ができれば、母は「娘が風邪をひいたので休ませます」と言って私に学校を休ませた。私は持病のぜん息発作をしょっちゅう起こしていたこともあり、学校の欠席日数は毎年一〇〇日をゆうに越えていた。

慢性的に栄養障害を起こしていた私は、あるとき学校で倒れてしまった。先生から連絡を受けて渋々迎えにきた母に、担任だった若い女の先生は「お願いです。この子にもっと御飯を食べさせてあげてください」と頼んでくれた。けれど「役立たずの子供に食べさせるものなんかありません」と言い放つ母を見て、先生は泣き出してしまった。そんな先生を見て私は「そんなに私は哀れな子供なのかしら」と思い、悲しい気持ちで一杯になってしまった。

ある日、庭で馬乗りになって私を殴っている母を見つけた近所の人が「そんなに殴ったら死んじゃうじゃない。やめなさいよ！　やめないと警察呼ぶわよ！」そう言って警察に通報してくれた。その後、何度も家に警察がやってきたけれど、警察が来たときの母はいつも冷静だったし、決して私に暴力を振るったりはしなかった。

「お母さんの言うことを聞かないから、警察がお前を逮捕しにきたんだよ。子供だって悪いことをしていたら、牢屋に入れられるんだよ。覚えておきなさい」牢屋に入れられると聞いて、私はゾッとした。近所のおばちゃんに「どうしておまわりさんがうちにくるの。あたし、たいほされちゃうの」と聞くと、「心配することなんか何にもないんだよ。あなたは何にも悪いことなんかしてないでしょう。あなたのお母さんがあなたをひどくぶったから、警察の人が注意しにきたの。子供は逮捕されないんだよ」と言ってくれた。それでも警察がくるたびに、私は「お母さんの言いなりにならないと私は牢屋に入れられる」ような気がして絶望的な気持ちになり「母の言いなりになる」以外に自分には生きる方法はない現実に絶望した。そのうち、警察だけではなく、市役所の教育委員会や学校からも頻繁に電話が掛かってくるようになった。

そんなことがしばらく続くと母は、「近所のみんなが私を見張っている。私はなんにも悪いことなんてしてないのに、奴らは警察や市役所に私の悪口を言い付けたりしている。こんな生活にはこれ以上耐えられない」と言い出した。

すべての原因が私にあると考えた母は、私を合法的に手放す方法を模索した。ぜん息の発作をたびたび起こす私を「呼吸器に障害がある」と言って障害児の養護施設に入れようとしたり、「ぜん息も結核も咳が出る病気なんだから、たいして違いはないはず」と言って結核療養所に入れようとした。電話で問い合わせしたり、実際に私を連れて行ったりしたけれど、私を引き受けてくれる施設は見付からなかった。それでも諦め切れない母は「なるべく『馬鹿』に見えるように口を半開きにしていなさい。口を閉じたらぶつからね。ボーっとした顔をするんだよ」と言って私を市役所に連れて行き、「この子は正常ではないんです。私には育てられません。なんとかこの子を引き取ってくれる施設はありませんか」と訴えた。

これらはすべて、父には内緒で、母が勝手にやったことだった。けれど当然、父にばれてしまい、激しい口論になった。母は父に訴えた。「この子がいる限り、私は近所の人たちからまるで私の方がおかしいんじゃないかって目で見られ続けるのよ！『施設にいれる』か『殺す』しか、このあたしが生きる方法はないのよ！」。それを聞いて、殺されたくない私は泣きながら「お願いだから私を施設に入れて！」と父に懇願した。それを聞いた父は黙り込んでしまった。少ししてから父は母の目を盗んで私に言った。

「お父さんはもう覚悟はできている。お母さんを置いて二人だけでまたおじいちゃんのところに行こう。お母さんとは永遠にお別れするんだよ」

私は悩んだ。またおじいちゃんのところで暮らせることはとっても嬉しいことだったけれど、あんな母でも『母親のいない子供』になることは悲しすぎた。

「わたし、おかあさんがいない子にはなりたくないよ」

そう告げると、父は「そうか、うん。分かった」と言った。

悩んだ父が出した結論は、家族みんなで引っ越しをすることだった。

新しい町に引っ越しても母の私に対する虐待行為は少しも変わらなかった。むしろ新しい環境で「立派な人」「偉大な母親」と思われたいという気持ちで一杯になった母は、ますます苛々することが多くなってしまった。

「あんたが少しでもおかしなことをしたら、このお母さんが『おかしい』って思われるんだよ。今度失敗したら『一家破滅』になるんだ。もうやり直しは利かないんだからね」と言って私を脅した。

新しい担任の先生が何気なく私の家族について聞いてきた。少し考えたけれど、体にできた大きな痣や傷跡を見せながら、本当のことを正直に話した。私は、新しい学校の先生も家族の状況を知れば、今まで通り私を理解して守ってくれるものだと信じていた。

ところが先生は、『お母さん』というのは常に絶対に正しいんです。そのお母さんがあなたを叱るのはあなたが間違ったことをしたに違いないんです。それなのにその言い方は何ですか！」と凄い勢いで怒られてしまった。

怒り狂った母に路上で殴られていても、近くにいた大人は見て見ぬ振りをした。私は彼らに向かってその目を見ながら「助けて！」と叫んだけれど、みんな迷惑そうな顔をするだけでそのまま通り過ぎてしまった。

信じられなかった。物凄くショックだった。残酷な行為にみんな絶対気が付いているはずなのに、叫び声や泣き声を聞いているのに、誰も何もしてくれなかった。ただ迷惑そうな顔をするだけだった。

母は、新しい学校で私が友達をつくることを禁止した。

「学校へは勉強のためだけに行くんだよ。よその子としゃべると悪い影響を受けて、親の言うことを聞かなくなるからね」そして、誰かが家に遊びにきても「何しに来たんだい。迷惑なんだよ。さっさと帰りな」そう言って追い返してしまった。「なんで遊んじゃいけないの」と一言でも聞き返す子には「うるさい！」と容赦なく平手打ちをして追い返した。「あの家に行くと酷い目にあう」とクラス中の噂になり、そのうち誰からも誘われなくなった。

母はしょっちゅう学校に電話しては「うちの子はちっとも親の言うことを聞かないんです。先生から何とか言ってください」と担任の先生に訴え、そして先生は、クラスの皆の前で「あなたは親不孝なとんでもない子供です」と私を叱った。そんな私と友達になろうとする子はいなかった。新しい学校で私は友達が一人もできなかった。

中学三年生になる春休み、突然、父が倒れてそのまま入院してしまった。末期の胃癌だった。祖父母が交替で病院へ行き看病したり、家に来て私の様子を心配してくれたけれど、母はろくに父の見舞いにも行かないで、祖父母に文句を言うばかりだった。「旦那が具合悪くて私は今大変な状況なんだから、もっと私をいたわってくれるのが当たり前でしょう。それなのに、なんで病人にばっかり気を使うのよ」。母は父の看病を嫌がったし、「母親を手助けし、支えることが今は何よりも大事なはず」と言って、私が父の見舞いに行くことを許さなかった。それでも、私は何度か父を見舞いに病院へ行ったけれど「ここにくると後でお母さんに怒られるんだろ。無理しなくていいよ。お父さんは大丈夫だから」と父は言った。

たった数カ月の闘病生活の後、父は私を残して死んでしまった。母方の親戚に「娘のことがとても心配なんだ。絶対に目を離さないで見守ってやってほしい」と頼み込んでくれていたことを後で聞いた。

父がいなくなって、私はどうやって生きていけばよいのか全く分からなくなってしまった。「これからは、誰も私を母の暴力から守ってはくれない」そう思うと心細く、そして恐ろしかった。

「これからはお前がお父さんの代わりをやるんだよ。お前がお母さんの面倒を全部みるんだ。いいね。わかったね！」母は私に言った。

父がいなくなり、収入がなくなっても、母は少しも働こうとはしなかった。母には自分でなんとかして生きていこうなんて考えは全く無かった。

「無理してお母さんが働いて、それでお母さんが疲れて死んでしまったら、お前は『みなしご』になってしまうんだよ。だから、そうならないように、お前のためにお母さんは働かないでいてあげているんだからね。別にお母さんは怠けて働かないわけじゃないんだ。そこのところを勘違いしちゃいけないよ」

無論それでは生きていけないので、市役所に相談して生活保護を受けることになった。しかし、市役所の担当者に「どうして働かないのか」と聞かれるたびに、「子供のためにあえて働かないでいるのに、市役所の人たちはまるで私が怠け者みたいな言い方をする」と文句を言った。

その頃、学校の担任の先生や市役所の人たちが、私の高校進学のために奨学金についていろいろ調べてくれ、いくつかの奨学金制度を紹介してくれた。その話に母は飛び付いた。「奨学金をたくさんもらえば『生活保護』なんてみっともないものをもらわなくっても、生活ができる」

さっそく母は、市役所に連絡をして、「地方自治体の特別奨学金制度」申し込みをした。これは特別に生活が困窮している人が、通常の倍の金額を借りる制度だ。さらに日本育英会の奨学金も通常の倍額の借入で申し込みをした。また、さらにそれぞれの奨学金制度の「入学支度金」にも申し込みをした。これは、入学準備のためにまとまったお金を貸し付けてくれる制度である。

その日の夜、借入額の多さを心配した市役所の担当者が家に電話を掛けてきた。母が電話に向かって激しく言い返しているのが聞えた。

「生活のためなんです。放っといてください！　だいたい、あの子は中学卒業と同時に家計を支えるために働くべきなんです。それなのに高校に行きたいって我がままをいうから、こうするしかないんです」

すると、市役所の担当者は「奨学金の申し込みを受理しない」と言ってきたらしい。そこで母は「あんたの借金のせいで、どうしてお母さんがこんなに嫌な思いしなきゃいけないのよ。冗談じゃないよ！　あんたが自分で市役所の人を説得しなさい」と言って私に市役所の担当者を説得するように命令した。

私は、こんなにたくさんの借金をするのは嫌だった。けれど母は、台所から包丁を持ち出してきて、「借りられなかったら、ただじゃ済まないからね」小声でそう言うと、電話の受話器を持った私の横腹に包丁を突き付けた。洋服の上から包丁の刃先が食い込んでいた。

市役所の人は私に言った。

「あなたのお母さんは親としてとても間違ったことをしているわ。あなたは自分の学費分だけ借金をすればいいの。お母さんの生活費はお母さんが自分で働いてなんとかするべきなのよ。まだ中学生のあなたが親のためにそこまで犠牲になるのはおかしなことなのよ。おなたのお母さんは余りにも我がままだわ」

私も「その通り」と心の中では思っていたけれど、すぐ隣に刃物を持った母が立っている状態では「母の生活費の分まで借金するのは嫌です」と言えるはずもなく、心の中で「どうか私のこの状況を見破って！　わたしを助けて！」と叫びながらも、「絶対に返しますから、奨学金を申し込んだ分だけ貸してください。お願いします」私は必死に本当は借りたくない借金を頼み込むしかなかった。すると、市役所の人も、「本人がそこまで言うのなら仕方ないでしょう」と言った。

そのあと母は、「日本育英会と地方自治体の奨学金は申し込みができませんでした」と学校の先生に嘘をついた。母の嘘を信じて同情した先生は、民間企業の奨学金制度を申し込めるように手続きしてくれた。母はさらに銀行からも借入れをした。

学校でさらに奨学金の申し込みをしたことは、市役所の担当者には秘密だった。

たくさんの奨学金の手続きをしておきながら、母は父方の祖父母に「育てるお金がないから娘を引き取ってほしい」と言った。祖父母は喜んで私を引き取ろうと言ってくれた。さらに母は、「あなたたちの息子に私は一生涯生活の面倒を見てもらうはずだったのに、当てが外れてしまいました。親であるあなたたちには、息子の代わりにこれからの私の生活の面倒をみる責任があります。それから娘の奨学金は全部私の生活費にするつもりだから、娘の学費と生活費はそっちでなんとかしてちょうだい」と言った。

祖父母は「娘を手放して奨学金だけ自分で受け取ろうなんて、一体何を考えているんだ、自分の生活費にするなら自分で返済しなさい」と言い返した。実際、奨学金の手続きでも、私と同居していない親が奨学金を受け取ることは不可能だった。

すると今度は、「娘の『親権者』はこの私です。娘と奨学金は絶対に渡さない」と言い出した。

祖父母は「養育する意志のない母」と一緒に暮らした場合の私の生活を心配してくれたけれど、『親権』のない祖父母にはどうすることもできない。結局、私は母と一緒に暮らし続けることになった。

母は私が高校に進学するのと同時に市役所に「良い仕事が見つかり、働くことにしたから」と言って、生活保護の受給を断わってしまった。実際には、母は仕事なんか捜していなかったし、働く意志もなかった。

私たち親子は「遺族年金」「私が借りた四つの奨学金」とわずかな遺産で生活することになった。

義務教育を終え高校生となった私に、近所の人たちの態度は厳しくなっていた。母は近所の人たちとたびたび衝突しては、揉め事を起こしていた。そんな母にうんざりしている近所の人たちは、「未亡人になった母親を、娘のあなたがしっかりと支えていないからこっちにとばっちりがくるのよ!」と私に言った。さらに「お母さんの面倒をしっかりと見れる年齢になったんだから、これからはお母さんが何か面倒を起こしたら、あなたに責任取ってもらうからね」と念押しした。

私は学校の帰りに友達と寄り道をしたりする自由なんてなかったし、そんなお金も持ってなかった。私は高校の学費を免除してもらっていたけれど、私の借りた奨学金や親戚がくれた私への進学祝い金が、学用品や勉強に必要とするものの購入のために使われることは決してなかった。周りの友達は進学に備えて予備校に通ったり、通信教育を受けたりしていたけれど、お正月に親戚から貰ったお年玉だけでは、教科書を買ったり、最低限の文房具や参考書を買うのが精一杯だった。

母は、父がいなくなったことから生じる不安、怒り、恨みをことあるごとに私に「暴力」という形でぶつけてきた。この頃の母はもう顔など目立つところを傷つけることはしなくなっていたけれど、服に隠れた部分は痣や引っ掻き傷、やけどの跡だらけだった。髪の毛をつかまれて引きずりまわされたときに、一度に抜けてしまった部分は小さなハゲになってしまった。

そんな毎日に我慢ができず、「いっそのこと家出しようか」と思ったこともあったけれど、ほとんど外出せずにいつも家にいる母の目を逃れて、家から出るチャンスはとても少なかった。そして、荷物を持った私は必ず近所の誰かに見付かり、必ず家に連れ戻された。ある時は近所の人に自宅に連れて行かれ、「あんたの家族のおかげでうちがどれだけ迷惑しているか少しは考えろ！あんたみたいな親不孝者は絶対に幸せにはなれないよ！」と二時間も説教されてしまった。近所中が私を見張っている。そんな気がして仕方がなかった。

私は幼児期を過ごしたあの町に帰りたいと思った。あの頃に戻りたいと思った。あの頃の私も母に殴られてばかりで、とても苦しく辛い毎日だったけれど、あの時はお父さんがいてくれたし、それに周りの大人の人たちもいつも私を守ってくれていた。でも、ここでの暮らしは母だけでなく、周りの大人までが敵のように思えて仕方がなかった。まだ大人になり切れていない私は、たった一人で多くの大人と闘わなければならなかった。「大人になれば少しは『普通の暮らし』ができるようになるかしら」

私は暴力のない『普通の生活』がしたかった。けれど、大人になったら借金の返済に追われる生活が待っているだけだった。それに、父がいなくなり、周りの大人たちに無視され、誰も助けてはくれない状況の中で、母の激しい暴力にどこまで耐えられるか、果たして大人になるまで生き延びられるかすら、正直言って不安だった。

私は大学に進学したいと考えていた。働かない母のために進学を諦めて、高校卒業と同時に働くのは絶対に嫌だった。

私が大学に進学するためには、さらに「奨学金」を借りることが絶対条件だった。しかし、高校三年間ですでにかなりの借金をしてしまっている。この借金が実際には私の学費および生活費ではなく、母の生活費になっていようと、私の名義である以上、私が働いて返さなくてはならない。大学を卒業し社会人としてのスタートを切ったとき、私は一体どれくらいの借金を抱えているのだろう。果たして無事に返せるのだろうか。高校進学のときに市役所の担当者が「そんなに借金をしょい込んで、後できっと苦しくなるわよ」と言っていたのを思い出した。

それでも私は、複数の奨学金に申し込みをして、短大に進学した。

短大に進学しても、私の生活にたいした変化は起こらなかった。母は私のアルバイト先を必死で探し回り、そしてそのアルバイト代は「家族の誰かが働いたお金は、家族の生活費にするのが当たり前」と言ってすべて母が自分で使ってしまった。

母の言いつけに少しでも逆らえば暴力を振るわれるのも相変わらずで、友達と遊んだりすることもなく、本当に何もしないまま過ぎてしまった二年間だった。

卒業後の就職先を決めるとき、私は思い切って母から離れることを考えた。しかし、これだけ酷い目にあわされ続けてきたにもかかわらず、それでも私は「まともな家族」になりたいと淡い期待を捨てきれずにいた。「親戚や周りの大人たちも『あなたが働くようになれば、お母さんも安心して少しは落ち着くんじゃない』と言っていたし」と思い、私が社会人になり、大人になることで、何かが変わることを期待してしまった。

その一方で、大人になり自立できる十分な力を付けようとしている私に、母は「もしもお母さんを見捨てたりしたら、お前は世間の人から『親不孝な人でなし』って言われるようになるんだよ。そうしたらお前は『まともな人間』としては生きていけなくなるんだ」と言った。

「まともな人間」の暮らしを心の底から望んでいた私に、世間から「人でなし」と言われながら生きる勇気はなかった。世間から後ろ指を差されるような人間にはなりたくなかった。

それに、「私が離れることを母はきっと許さない。そんなことを言ったら私はきっと殺されてしまう」本気でそう思っていた。私には「家を出たい」とは恐ろしくてとても言い出せなかった。

そして、私は自宅から通える会社に就職した。

母は私の給料の額に少しも納得しなかった。母は「娘を育て上げた『母親』が、たったのこれだけの金しか手に入れられないなんて！　冗談じゃないよ！　親のあたしを馬鹿にして！　あ〜ぁ、お前なんか、育てて損したよ」と私を殴り、叩き、そして罵った。

しばらくして、母は私に、「今の稼ぎだけじゃ足りないから、夜は風俗店で働きなさい」と言いだした。最初はいくらなんでも冗談だろうと思った。実の娘にそんなことをさせるはずがないと思った。しかし、「おまえがぐずぐずしているから、お母さんがお前の働く店を探してきてやったよ」と言われ、ようやく母が本気なのが分かった。

さらに母は、「どうしてもまともに稼げないなら、いっそ自殺して『保険金』でお母さんに恩返しするしか、あんたに残された道はないね」と言った。それから母は毎日、私に、「さっさと死ね」「早く自殺しろ」と言いつづけた。

私はここまでされてやっと目が覚めた。母にとって私は「娘」ではなかった。また「一人の人間」ですらなかったのだ。

私は長い間、「母親が『まともな人間』として扱ってくれない」という現実にもがき、あがき、苦しんできた。そして、その現実を何とか改善しよう、何とかしたいと、努力や我慢をしてきた。たくさんのことを諦めたり、失ったりしてきた。しかし、私がいくら努力しようと、何をしようと、母は決して変わらないし、私を「一人の人間」として扱ってくれることすらないのである。これ以上、母と一緒にいたら、私は人間らしく生きることは出来なくなってしまう。もう限界だと思った。私は自分の大切な人生を、これ以上犠牲にすることに耐えられなかったし、いま母から離れなければ、自分の人生を取り返すチャンスを永遠に失ってしまうような気がした。今、人生をやり直さなければ、取り返しのつかないことになると思った。

こうして私は、母に振り回されて生きることをやめ、そして「まともな人間」らしく生きるために、実の母親と「絶縁」して一人で生きていくことを決めた。

現在、私は母の知らない場所で平和に暮らしている。勤め先を変え、親戚にも引っ越したことを話していない。

振り返れば、あれだけ激しい暴力を受け続けたにもかかわらず、よく死なずに今日まで生きてこれたと思う。何度も「お前なんか育てたくない」「産んで損した」等のひどい言葉を浴びせられ、傷つけられながらも、精神的に破綻することなく大人になれた私は、本当は強運の持ち主なのかもしれない。

幼い頃の私には、必ず救いの手を差し伸べてくれる人がいた。誰一人として私を本当に救い出すことは出来なかったけれど、心優しく、そして正常なたくさんの大人たちに接することで、私は正常な精神を養うことができたのだと思う。

そして、周りの優しい大人たちが「あなたは少しも悪くない」と私の心にたたき込んでくれなければ、その後に出会った人たちが私に言ったように、「私にすべての原因がある」と自分を責め、自らを追い込み、少しの希望も見えない絶望的な毎日に押しつぶされ、呑み込まれて自滅してしまったかもしれない。あるいは激しい暴力に耐え抜く気力を失い、そのまま殺されていただろう。

私は被害者でありながら、孤独にたった一人で闘ってきた。それなのに、大人へと成長すればするほど、母親ばかりか周りの大人たちまでもが、まるで私を取り囲むかのようにして攻撃するようになった。

それでも私は、「生きる」ことを諦められなかった。

子供は、大人の想像を越えた力を持っている。例え血がつながっていない全くの他人であっても、一緒に暮らしていなくても、思いやりと愛情を持って正しいことを示してくれたら、子供はその愛情のかけらを握りしめて生きていくことができる。私はほんの一瞬の、ほんのひとかけらの「愛情」をいつも必死でかき集めて、そしてそれを「生きる力」にして生き抜いてきた。

母がどうしてあんなにも暴力的な人間になってしまったのか、私には全く分からない。悲しい過去があったのかもしれない。何か大きな悩みを抱え込んでいたのかもしれない。けれど、どんな理由があったとしても、一人の人間を、ましてや自分の子供を徹底的に痛めつけ苦しめる理由にはならない。結局、母はその問題を自分で解決しようとせずに引きずり続け、すべての責任を他人に押し付け、挙げ句の果てにはその問題に対する「憎しみ」や「恨み」に呑み込まれてしまったのだと思う。

私は本当に長い間、暴力的で絶望的な世界に押し込められて生きてきた。そして、自由、時間、健康、楽しい想い出や記憶、友達……。本当に多くのものを母によって奪われてしまった。たくさんの夢や希望を諦めながら生きてきた。子供らしく気ままに楽しく笑いながら過ごすべきだった時間を取り戻すことは、今更どんなにあがいても不可能である。

つらく悲しい過去を消すことはできないが、私はそれに呑み込まれることなく、前を向いて生きていこうと思う。私の暗い過去を「人生から逃げる口実」にすることなく、「判断力」と「勇気」を持って、これからの自分の人生を生きていこうと思う。

それでも私は回復する

みなも

ある秋の午後、家の裏にある大きな木の葉が赤く色づき、私はただその葉を見上げていた。その日、私は兄や近所の男の子たちとかくれんぼをしていた。「さあ、どこにかくれよう！」と考えていたら、親戚の小学四年生の男の子Tが、「一緒にかくれよう！」と言い、手を引いて、家の裏のほうへ連れていかれた。

T「ちんこ見せろ！」

私（あ、また、イヤダ）

私がただじっとしていると、

T「早くしろ！　人が来る！」

と、強い口調で言う。

私はズボンとパンツを一緒に下ろし、これでもういい？　と許しを乞うようにTを見上げた。

Ｔ「中を見せろ！　指で広げてちゃんと見せろ！」

私はTの言うとおりにした。しばらくそのままにしていると、

「いいだろ。しまえ！」

「このことは秘密だからな。誰にも言うなよ！」

と言い、何もなかったようにかくれんぼを再開した。

Tは、私より学年が四つ上、同じ町内にすんでおり、祖母の実家の男。いつも強い口調で、にらんだ細い目が恐かった。

保育園の年長だった私がTと二人きりでいるときは、大抵こうなった。家族と一緒に家の中にいる時でさえも。

家のトイレは男女用に分かれていて、中は壁一枚。下に一〇センチくらいの隙間があった。私がトイレから出ようとするころ、Tが男便所に入って来る。壁越しに私に声を掛ける。

Ｔ「おい、ちんこ見せろ」

私（だまったまま）

Ｔ「しゃがんで下から見せろ！」

私は心でイヤダと叫びながら、しかし背けず、その場にしゃがむ。

Tは指で何度か触れ、そのまま二〇分近く、しゃがんだままにされた。寒くて、足もしびれ、ただ恐かった。いつもイヤダと思っていたけれど、年上の人に逆らうのは悪いことだと教えられていたし、拒否するための理由や手段も見つからなかった。Tの脅しの物言いは五歳の私には充分すぎる迫力があった。「このことは誰にも知られてはいけない」と、強く思った。

小学校に入学して、ある日掃除の時間が終わり教室に帰ろうとすると、階段の下でTに会った。手を引かれ、普段あまり使われない倉庫につれていかれた。ガラガラと戸を開け、Tは一度周りを見まわし、急いで中に入り戸を閉めた。すぐ、

T「早く、ちんこ見せろ！」

私は、またか、イヤダと思いながら、ブルマーと下着を下ろした。いつものように指で広げさせられ、しばらくいじられた後、挿入された。痛みはなかった。ただ、挿入されている自分の体を横で見ているように感じた。早く終わらないと五時間目がはじまるから遅れてしまうな、どうしよう……とボーっと思いながら。

これより以前に、ものすごく「痛い！」と感じたことがあった。しかしこの頃には、Tの姿を見て「あ、また来る！」と直感した途端、私の心は外に出て、感情や感覚が正常に働かなくなり、虐待される物体を横で見ているようになっていた。そうすれば、その間は痛みを感じないし、ボーっとしたまま早く終わるのを待つだけで済んだから。

Ｔの家庭は、父親は単身赴任で不在、母親は宗教活動に忙しく、かなり年が離れたＴの妹を連れて毎日出かけていた。Ｔはたびたび一人で、「遊びにおいで」と、私の家に誘いにきた。私は嫌なことをされるだろうと感じて遊びに行きたくなかったけれど、私が「遊びに行きたくない」と言えば、母が「なんで、そんなこというの！　せっかく誘いに来てくれたのに！」と責められるだろうと思い、また、「嫌なことされるから」とも言えなかった。結局、Ｔの家に行くはめになる。

家につくと、トイレに連れて行かれ、しゃがまされた。しばらくのぞかれてから、居間へ行く。私は制服のつりスカートにブラウスを着ていたので、ブルマーと下着を脱がされた。Ｔは半袖の体操服と水色の短パンをはいていたので、短パンだけ脱いだ。じゃんけんをして、私が負けたらＴの局部をいじったりなめたりして、Ｔが負けたら私の中に指を入れるというようなルールを作られた。私はこうなるだろうと直感した時から、心が外へ出てしまい、残った自分は正常にものを考えて行動することが難しくなり、ただ命令に従った。

突然、ガラガラっと玄関の戸が開き、「ただいま！」とＴの母親の声。Ｔは早口で「早くはけ！」と命令する。私はとっさにブルマーと重なった下着がはけず、スカートのポケットに丸めて突っ込んだ。母親にばれないかびくびくしたけれど、普通を装い、母親と話した後、Ｔは私を自分の部屋へ連れていった。部屋には鍵がかかるようになっていたので、当然鍵が掛けられた。

T「おまえ、着るの早かったなあ」
と言いながら、スカートをめくる。何もつけていないので、Tは少しびっくりして、
T「さっき、どうしたんだ!」
と聞いて来た。
私「ポケットに入れた」
T「おまえ、うまくやったな」
そう、私は嫌でたまらないのに隠蔽工作までしてしまった。共犯になってしまった。今でも、この思いに苦しめられている。大人になって、何度か他人に性的虐待を受けたことを話したけれど、たいてい「どうして親に言わなかったの?」と言われ、また「自分で隠したから、自分が悪いんだ」と自分を責めつづける。やはり自分が存在してはいけない物体だから。

そんな虐待が四年生まで続きました。Tは中学二年になっていましたが、Tの近所の書道教室に共に通っていたので、書道のある土曜の午後にたびたび家に誘いに来て、「(書道の始まる)四時まで、(Tの)家で遊ぼう!」と誘われては連れて行かれ、虐待されました。たぶん、Tが中三になる頃だったと思いますが、Tが書道教室をやめたので会う機会もなくなり、その後約半年は虐待を受けずにすみました。

五年生の秋、下校途中に、Tが校外をマラソンしているところに出くわしました。体操服に水色の短パンをはいており、私のほうに近づいてきて、目が合いました。「あ、いやだ、くる!」と恐怖が襲ってきました。Tは同級生と一緒だったのでそのまま通りすぎていきましたが、一五分くらいたって、私がTの家の近くにさしかかった時(通学路)、追いかけてきて声を掛けました。私はTの家の納屋に連れ込まれました。Tは最初、「全部脱げ!」と言いましたが、私が動けないでいると、「ああいい、下だけ脱げ!」と言いました。私はスカートをはいたままブルマーと下着を脱ぎ、いつものように命令に従い、指でよく見えるようにしました。

T「おまえ、もう生えとるんか!」

と私の数本の陰毛に驚き、

T「わしは中学入ってからやっと生えたのに、早いなあ……」

と感心した顔をしていじっていました。そしてペニスが挿入されました。そして動きながら、私の制服の胸ポケットについている学級委員バッジを見つけて、

「学級委員になったんか! えらいなあ!」と驚き、また、「この中って、なんでこんなに気持ちがいいんだろう」

とも言いました。私はボーっとしたまま聞いていました。これがTから虐待を受けた最後でした。

私の通った学校は保育園からの七〇人くらいのメンバーがほとんどそのまま同じ小学校、中学校に進みました。保育園時代からいじめに会い、椅子の上に画鋲が置いてあったり、隣の席の男の子からよく足をつねられたりしました。からだが触れると、「汚い！」「ばい菌！」と言われました。小学校に入ると、同じ学年からだけではなく、他の学年からも「汚い！」「ブス」「ばい菌！」「デブ！」等言われ、放課後よく一緒に遊ぶ近所の友達も、学校ではすれ違っても無視して知らないふりをしました。

小学校三年生の時、授業中ひどい頭痛に襲われ、毎日毎日保健室に通いました。あまりに続くので検査を受けるようにすすめられ、脳波検査をしたけれど異常が見つからず、それからはいっそう、「うそつき！」「仮病を使った！」と言われ、さらに悪質ないじめ、からかいがひどくなっていきました。今にして思うと、ちょうどこの頃、二人の獣からの虐待が重なっていた時期で、週に二回くらいセックスを強要されていたのです。

五年生のある時、学校の屋上で、クラスの一五〜二〇人くらいに囲まれました。

「汚いから死ね！　ここから飛び降りれ！」

集団は私にじわじわと近づいてきました。私は屋上のフェンスに足を掛けました。

当時、私は「どうやったら楽に死ねるか？」ということをよく考えていました。死ぬことに対して全く抵抗はありませんでした。自分のように価値のない、醜い生き物は生きる資格がないと思っていました。

「いいよ」と言い、フェンスをまたいだ時、担任が「授業始まるぞ！」と声を掛けたので、みな教室に入りました。そして私は、そのまま生き長らえてしまった。

四年生の性教育の授業で、はじめて「もしかしたら、私がいつもしていることかも？」と気づきました。その授業で、「生理が始まる前でも排卵すれば妊娠することがある」と習いました。「精子」「卵子」の寿命については習わなかったので、いつも妊娠の恐怖に悩まされていました。「妊娠するんじゃないか？」という恐怖が頭から離れませんでした。体格もかなりよかったので、いつ生理が始まってもおかしくなかったし、実際、周りからは当然はじまっているだろうと思われていました。

いまだに妊娠の恐怖は毎月やってきます。数年前までは過去のことが原因だと気づかなかったけれど、セックスをしていなくても、来る予定の日より一日でも遅れるとパニックになり、前後一週間はまともに暮らせません。

Tからの最後の虐待があった五年生の二学期。学級委員の投票の時、皆がものすごくニヤニヤしていました。そして開票が始まると、私の名前が何度も読み上げられ、そのたびにくすくす笑い声がしました。最後の一票が開かれると、黒板には、私の名前の下に正の字で二〇票以上が入っていて、ダントツで決まりました。

私は担任に、ぜったいに学級委員になりたくないと言ったけれども、「皆が君に選んでくれたのだから、やってくれ!」と言われ、また親に対しても私は、「からかわれて投票されたのに、なりたくない!」と泣いて頼んだけれど、母親は「名誉なことだし、からかわれてだなんて。皆がやって欲しいと思ったから投票してくれたんよ。嫌だなんて言わんの」と叱られ、また祖父母が、名誉なことだ!と嬉しそうにしている顔を見ると、断わり切ることができませんでした。

決まってからは、何かにつけ、「学級委員が悪いから、僕たちができんのだ」といつも私のせいにされました。ただいじめの口実を作るために投票したのです。それまで投票されることなんてなかったし、特別いいことをしたわけでもなく、後にも先にも二〇票以上なんてこの時だけで、家族や担任は皆が信頼してやって欲しいから投票したんだよ、と言ったけれども、私は信じていませんでした。

五歳頃のことです。家の納屋の隣にある畑で遊んでいると、左手の親指と人差し指の間をカマで切られました。私の家の前方に住んでいたOという六学年上の男でした。Oがカマで草刈をしていて、それに当たったということでした。事故が故意かはっきりとはわかりません。親指がブラーンと斜めに下がり、ぱっかりと割れた左手を見て、その形に驚き泣きつづけました。あとほんの少しで神経に届くところでしたが、運良く三針程度縫うだけで済みました。Oはよくカエルを殺して遊んでいました。古い洗濯機に入れて回して殺したり。潜在的に私はOが怖かったのだと思います。

Oの家はボロボロの小屋のようで、隙間だらけでした。家族は両親と男三兄弟で、その真ん中。私の兄と同級生で、家も向かいどうしなのでよく兄と私とOの兄弟と隣の男の子と一緒に遊んでいました。Oの父親は酒ばかり飲み、仕事をあまりしないので家庭はかなり貧しく、一方、母親は変に厳しいという印象がありました。

私が小学二年、Oが中学二年のある日、Oの家で遊んでいました。Oは、

「全部、服を脱いで」

と言って、私の服を脱がせました。そして、唇を私の口にあわせ、舌を入れてきました。強烈な気持ち悪さでした。そして、胸をもんで、乳首をなめました。それから下に移り、指を入れてきました。私はその頃Tからの虐待を受けていたので、なんとなく「Oも（皆も）こんなことするんだ」と思い、されるがままでした。もし私が抵抗すると「まともな女の人」みたいで、汚れた私には抵抗する資格はないと思っていました。そして挿入されても感情が麻痺し、いつものように心が分離して、虐待される私を見つめながら、ただ早く時間が過ぎるのを願っていました。

そして終わると、Oは、

「このことは××ちゃんと、二人だけの秘密だけえね。ぜったい誰にも言ったらいけんよ。お兄ちゃんにもお母さんにも言ったらいけんよ」

というようなことを言いました。

私は家に帰ると、口を何回もゆすいで歯磨き粉をたっぷりとつけ、五回も六回も磨きました。けれど何回磨いても、汚れた自分はきれいになれませんでした。

Oは、私が一人で出かける時を見計らっては家から出てきて、

「××ちゃん、一緒に遊ぼうや」

と声を掛けます。本当は「嫌だ！　二人で遊んだらいやなことをされる」と思っているけれど、口に出せず、「友達と約束してるから」とか、「今から塾行くから」と必死で逃げる理由を考えます。しかし、小学校低学年と中学生では相手にならず、簡単に言いくるめられてしまい、Oの家などで「遊び」をすることになるのです。

O自体が、私にとって怖い存在、何をされるかわからない存在という恐れがありました。それと、いやなことをされても、「数少ない私と遊んでくれる人」を失いたくはなかった。また、兄の親友であるOが私にしていることを兄が知れば、仲良しの兄さえも遊んでくれなくなるのではないかと不安に思い、人に知られることを最も恐れました。

家の近所に農業用の小屋がありました。小学二年生の冬。私はおばに編んでもらったお気に入

りの赤いベストを着ていました。Oにその小屋へ連れて行かれ、全裸にされました。小屋の中にはわらが背の高さより高く積み上げられ、横になると背中がちくちくして、むずがゆかった。いつものようにOが舌をからめてきて、気持ち悪くて目をつぶって我慢した。Oは胸をもみながら、「××ちゃん、ちょっと胸が大きくなったんじゃない?」と言った。すべて終わって、家に帰ると、母に「どうしたん? チョッキが裏返しになっとるよ!」と言われ、慌てて「△△ちゃんの家で、暑くてぬいだんよ」と嘘をついて隠しました。

そんなOからの虐待は、Oが中学を卒業し、Oの家庭の事情で引っ越しをするまで（私の小学三年の終わりまで）続きました。

もう一人、従姉のK。六歳上の女。家に来たときに、「××、おっぱい飲みたいだろう?」と言われ、（したくなかったけど）何度か乳首を舐めさせられました。

小さい頃、Kの両親の離婚でしばらく一緒に暮らしていましたが、私が小学五、六年の頃は近くのアパートで暮らしており、土日になると祖母と一緒に泊まりに行きました。２ＤＫのアパートで、一つの部屋に祖母とおば（Kの母親）が寝て、もう一つの部屋にKと私が寝ました。夜中にKがひそひそ声で、「××、起きろ!」「え、何?」「おっぱい飲みたいだろう? 舐めさせてやる」と言います。私はKの威圧感に押され、乳首を舐めました。「こっちも舐めて」と言われ、局部を舐めました。そして、私も舐められました。その後、「このことは秘密。言ったらどうなるかわからないよ」と脅されました。

その次の週末、また祖母が泊まりに行こうと誘いました。私はまたさせられるのではないかと思い、行きたくなかったけれど、今まで泊まりに行くのをすごく楽しみにしていたのに、急に「行かない」と言えば、家族が不思議がっていろいろ聞いてきそうなので、仕方なく泊まりに行きました。

また、私とKは同じ部屋に寝ることになりました。夜中、「××、起きて」と聞こえたけれど、私は寝たふりをして、目をつぶって起きませんでした。すると、Kは私の頬を思いきりたたきました。二回平手打ちをされ、寝たふりもできず、起こされました。そしてまた、お互いの体の舐め合いになりました。

四、五回泊まりに行った頃、母に「泊まりに行かない」と宣言しました。母は何度も「なんで、行かんのん？ おばあちゃん一緒に行きたがっとるのに」と言いましたが、私は理由を言わず、ただ行かないを通しました。それで以後、虐待を受けずにすみました。

しかしこのKからの虐待で、私は、「男性だけでなく女性からもさげすまれる汚い、存在の価値のない物体だ」と強く信じるようになりました。

中学、高校時代、私の家では祖母がノイローゼ気味になり、いつも自殺をしようとしていました。父が単身赴任で不在でしたので、私と母と祖父で、祖母の見張りをしました。しかし、母はひざが悪くて走られず、祖父は高齢だったので、いざというときは私が行かないといけません。夜中も母と交代で、毎晩物音に耳をすませ、祖母が海に入って自殺しようとしないよう気遣っていました（実際、何度か海に入った）。

高校を卒業し、一人暮らしをはじめました。一八歳のある夜、友達とよく行っていた喫茶店のマスターから電話があり、「友達も来ているから今から遊びにおいで」と誘われました。友達もいるならいいかと思い、出かけました。店に着くと、いるはずの友達はおらず、マスターの友達が一人いるだけでした。まあ、せっかく来たのだから座りなさいと言われ、話をしていると、その客も帰りました。そして店の中はマスターと二人だけになりました。マッサージをしてあげると言われて、だんだんおかしいなと思ってきたけれど、体に触れられたとたん、私は子供の時と同様に感情がコントロールできなくなりました。マスターは、未成年でお酒を飲んだことがない私に、強いお酒を口に流し込みました。そして、私はレイプされる自分の体を助けてあげられず、横で見ていました。家に帰った後、抵抗できなかった自分が悲しくなり、そして子供の頃と同じく、感情が麻痺していることに少し気がつきました。

その冬、体調が悪く食べ物を吐いた時、何ともいえない開放感を感じ、私の中の汚いものが少しでも出て行くようで、過食をしては吐くようになりました。半額引きになった菓子パンや食パンを大量に買ったり、パン屋でパンの耳三斤分くらいを時々（本当は毎日行きたいけど怪しまれないように）タダで分けてもらい、食べては吐きました。

一九歳の初夏、三日連続で、それぞれ知らない人につけまわされ、一人の男には三時間以上追いかけまわされ、地下駐車場に連れ込まれて乱暴されそうになったことがあり、家から出るのが怖くなりました。どうして自分はこんな目にあわなくてはならないのか？　結局、私がセックスするためだけに生まれた、生きる価値さえない生き物だからなのだろう、と更に思いました。

電話の音や、アパートの階段の音がものすごく恐ろしくなり、醜い自分の中の血が汚くて、許せなくて、ふっと、「この血を全部流せば、きれいな、少しはまともな〈人間〉になれるかもしれない」と考えるようになりました。そしてその夏、自宅風呂場で、かみそりで手首を切りました。なかなか切れなかったけれど、やっと太い血管にあたり、血がプシューッと噴出しました。「やった！」痛みは全くありませんでした。私は安心して、水道の蛇口に切ったところをあてて血が流れるのを促しました。汚い血が流れていく！　嬉しくてたまりませんでした。流れている血を見ている時、友達が、昼間様子がおかしかったから、とやって来ました。友達が気づき、救急車が呼ばれ、助かりました。

そのまま精神科閉鎖病棟へ入院。買い物が週に二日しか行けないし、買ったものをチェックされるので、過食嘔吐はできませんでした。しかし病院食を吐いていました。その頃には、ちょっと力を入れたら、簡単に吐けるようになっていました。

半年後、閉鎖病棟、開放病棟を経て、無事退院しました。二〇歳になった春、「一度死んでこれからは余生だから、何も考えないで、すべて人に決めてもらって生きよう」と決めました。

家に帰ったものの、今まで一緒に暮らしたことの無い、たまにしか会わなかった父と暮らすのは苦痛でした。優しい、大好きだった父も、セックスをする「男」としか見られず、同じ空間にいるのさえ嫌でした。そして家から逃れるため、二〇歳の冬、再び一人暮らしをはじめ、就職しました。それも方角は占いで決め、電話帳でアイウエオ順にかけて最初につながった不動産屋で住む所を決め、そこで、「今から仕事を見つけようと思っています」と言ったら、その不動産屋で採用になってしまった。

一人暮らしをはじめたものの話し相手もなく、さびしかった。それに、思いきり過食嘔吐ができるためますますひどくなり、生活費もままならず、生活に困窮しました。そんな時、テレクラのティッシュをもらい、なんとなく電話をしました。すると、顔が見えないせいか、二時間も話をして楽しかった。それで、毎日電話をして、何時間も見知らぬ男と話をするようになり、ある日断わりきれずに会うことになった。

夕方、待ち合わせて、ご飯を食べにいった。こんな醜い私に普通の女の子と同じように接してくれ、夕ご飯までおごってくれるなんて！　相手がからだ目当てだとしても、普通の女として、人間として扱ってもらえるようで嬉しかった。それに、誰かと一緒なら過食嘔吐をしなくて済む、と思い、毎日いろんな男と会うようになった。人間として扱ってもらったお礼、おごってもらったお礼、私はお金も無いし、何も出来ることはない。唯一できることといえば、セックスだけ。そうして一〇人くらいの男と寝た。感情が麻痺するので、時間が過ぎればいつのまにか終わっていた。

その中で、夫と出会った。二回目に会った時に合鍵を渡され、仕事が終わるとすぐおいでと言われ、時間を拘束されれば、過食嘔吐をしないですむからという理由でかよった。そのうちアパート代がもったいないからと言われ、一緒に暮らすことになり、仕事を辞めたら、と言われて、辞めて同棲をはじめた。

流れるままにしていたら、結婚することになり入籍した。好きなわけではなかったけれど、もしかしたら、私を救ってくれるかもしれないと思った。そして暇さえあればセックスをした。セックスをしていれば、時間はどんどん過ぎていくし、話さなくてもいいし、慣れたことをして自分を貶めていれば、何も考えなくてすみ、楽だったから。一緒に生活するうちに少しずつ主人を好きになっていった。

二二歳で出産した。陣痛に苦しんだあと分娩台でこれから産もうという時、破水と同時に感覚が麻痺した。赤ちゃんが出ようとしているのに、陣痛がわからない。医師が、「陣痛が来たら思いきり息んでください」というけれど、陣痛が来ていてもわからないのだから、息めず、医師や看護婦が動いたら、今たぶん来ているのかな?と思って、適当に息んでいた。でも、それでは生まれるはずもなく、破水してから一時間以上たち、看護婦さんが馬乗りになって、医師と一緒に赤ちゃんを引っ張り出してくれた。

ひどい痛みや、セックスや、ひどくしかられた時に必ず起こる感情の麻痺、心と身体の分離。私は子供を産んだのにもかかわらず、産んだ感覚・感動が無い。「女のお子さんですよ」と看護婦が微笑みながら連れてきた時、私が、何の感情も無く、無表情でボーっとしていたので、看護婦はいぶかしそうな顔をして去って行った。

産後一カ月、実家にいたのですが、Tの親からも「出産祝い」を親がもらっていました。私はTの家とは付き合いをしたくなかったけれど、母が、「ちゃんとお礼に行きなさい」と強く言うので、行きたくないのにTの家に行った。玄関の右隣のTの部屋から、Tの気配がしました。Tと直接顔を合わせることはなかったけれど、Tの親に私は「お礼」を言わなければならず、震えました。

九五年秋、読売新聞のネットワーク参加の記事を読み、申し込みました。しかしネットワークに参加したばかりの頃は、他の人たちが「読むのがつらい」というのが理解できませんでした。スラスラと読めてしまい、なぜ苦しいのか分かりませんでした。それだけ、私の心は感情が凍りついていたのです。

翌春、穂積純さんの『甦える魂』を読みました。一度目はスラスラと読め、なるほどね！で終わりました。二度目に読んだ時、だんだん読み進むのがつらくなりました。三度目、私は穂積さんの犯人に対する怒りに衝撃を受けました。それまで「犯人」だなんて思ったことはなく、私がこういう目にあうべき汚い人間なのだから加害者は悪くないと思っていたから。

徐々に「当時、子供だった私は悪くなかった」と気づくとともに、加害者に対してはじめて憎しみを感じました。虐待を受けなくなってから一四年も経っていました。

その一月後、祖母がなくなりました。通夜、葬式と、Tの母親が来て手伝いをする。Tの母親を見るだけでもあの光景が甦ってきて、ものすごく不快になった。憎しみが湧いてきた。火葬場へ運ばれる時、Tが父親の代理として来た。焼き場で祖母が焼かれるのを待つ三時間、ひたすら、話し掛けられたくない、近寄られたくない、と祈り、元気に走りまわる娘がTに近寄るのではないかとはらはらした。Tと兄は懐かしむように話している。私はただ、近づかないように必死で遠くに逃げていた。
Tと会ってからますます不安定になり、過食嘔吐がひどくなった。うまく吐けない時はいらいらして、自分で自分を抑えられなくなり、娘にあたって、言ってはいけない言葉を口にしたり、たたいたりしてしまう。そして自己嫌悪に陥る。過食後の脱力感に苛まれることの繰り返し。

二四歳の冬、はじめて母に虐待といじめのことを話しました。母は、「どうしてその時に言わんかったん?」「いじめはどこでもあるし、みんながんばって生きているんだけえ、忘れなさい」「そんな昔のこといまだに思ってるん?」と言いました。私は「この人に言っても無駄だな……」と思ったけれど、ただ、「Tの顔もTの親の顔も見たくないし、話も聞きたくない。親戚づきあいを親はしてもいいけど、私はしなくてすむようにして」と頼み、母はそれを約束してくれました。

物心ついた頃から、母は本当の母ではないと思っていました(実際は実の母ですが)。いじめに気づいていながら何もしてくれない母を、どこか信用していませんでした。二年前に知ったのですが、母は私が二歳の頃、子供たちを残してしばらく失踪したそうです。父が週末に家に帰ってみると、私と兄だけで、私は「おなかすいたー」と泣いていて、母が消えてから数日、兄は近所の人にパンや牛乳を分けてもらい、私に与えていたそうです。しばらくおばが私の世話をしていました。虐待のことを人に話すたび、「どうしてお母さんに言わなかったの?」と言われたことが何度もあり、そのたびに自分を責めていたので、母を信用していなかった謎の一端が解け、少し安心しました。

母に告白した半月後、私は小学六年の時の担任だった先生に手紙を書きました。なぜその先生に書いたかというと、母校に長くいらしたので、TやOやKのことを知っておられる可能性があること、また厳しい先生で、クラスで私がからかいのあだ名で呼ばれていたのを注意してくれたことがあり、信頼していたこと、そしてもう一つ、五年生のころ私が問題を起こした時ひどくしかられたので印象に残っていたからです。

その五年生のときの問題というのは、四年の女の子と一緒に男の子にラブレターを送ったのです。好きなわけでなく遊びで。内容は体を性的にアピールする文章で、拾ったヌード写真を同封しました。三度目に送った時、学校に知られ、当時その四年生の子の担任で生活指導の担当だったその先生にひどくしかられました。説教の最中、私はいつものように感情が麻痺し、凍りついていました。先生は私がボーっとして話を聞いていないかのようだったので、「ちゃんと聞いているのか!」と言って、ビンタをはりました。今考えると、ボーっとすることや、そんな性的なことをアピールする手紙を書いたというのが、私のサインだったのでしょう。

最初は虐待のことは伏せ、「常々私の記憶は箇条書きにしかできず、小学生の記憶がかなり消えているので、小学生の自分がどういう風に見えたか教えて欲しい」と書きました。確かに子供時代の記憶は、箇条書きにはできるのだけれど、実感としての記憶はほとんど消えていました。返事の手紙で、先生のくせのある字を見た瞬間、六年生の時の感情や記憶があふれ出して止められず、タイムスリップしたかのようでした。心も六年生になってしまい、二カ月近くもの間なかなか大人の自分に戻れなくて、行ったり来たりして大変でした。

次の手紙の時、実名を挙げないで虐待といじめのことを書きました。返事には、当時気づいてあげられなかったというお詫びと、当時の記録について、残っているものをすべてコピーして送ってくれました。私についても、「前担任から引継ぎの際、××さんは注意をしても上の空で、聞いてくれない」と言われ、先生も同様のことを感じたこと、級友からはどうにでもなると思われていたこと、級友が「××ちゃんはつねっても痛くないんですよー」「痛くないんだ」とわいわい言っているのを思い出したこと、などを知らせてもらいました。

娘が、私が虐待を受け始めた年になり、身近にも虐待の話をよく聞きます。娘には自分の体の大事な部分を自分以外の人に触らせないこと、もし触られそうになったら大声を出し逃げること、必ず親に知らせること、の三点を言い聞かせています。虐待を受けた子供の時の私は、他人に大事な部分を触られるのがいけないことだということすら知らなかったのだから。

最近、娘がいじめにあい、尊厳を傷つけられるような目にあいました。普段から、もし何かあったら親に言うように言っているにもかかわらず、すぐには言えないようでした。娘と二人きりで、抱きしめて、娘が自分で言い出すまで、数時間待ちました。そして、話してくれた後に、「よく言ってくれたね。ありがとう」「あなたは悪くないんだよ」と何度も抱きしめたまま、言いました。同時に、二度と被害を受けないように、環境からの対処をしました。

その後、娘は安心したようで、元気を取り戻しました。今回私がしたことは、私が子供のころに親にしてもらいたかったことでした。一度だけなら、それでかなり子供は癒されると思う。大人になっても宙に浮いたまま、未だに自分を責めつづける私のような目に絶対にあわせたくない。

盲目の少女との対話

水沢有子

私は、家庭内暴力から逃れるために結婚の道を選びました。私は惨めな家庭で育ったので、結婚したいと思ったことも、ごく普通に少女が夢を描くように、結婚生活に憧れを感じたこともありませんでした。

ただ、熾烈で容赦なく、執拗に私を追い詰め、暴力を振るう父親、それを傍観しているだけの母親から逃げる目的だけで結婚を選びました。でも、私はこんな理由で結婚しても良いのか、私と結婚したら、私の家庭のことで、相手やその家族に迷惑をかけてしまうのではないか、と考えると悩みました。はたして、結婚しても、こんな家庭で育った私を家族として認めてくれるのか、心配でした。しかしながら、私の夫となる人の両親は、全盲という重い障害を背負っていたので、私がどんな家庭で育ってきたとしても、許してもらえるのではないか、と思いました。

結婚前に、私の両親と夫の両親が初めて会いました。その時、私の父は、夫の両親の前で私を小突き回し、言葉の限り侮辱し、私の結婚後の嫁としての立場や将来を破壊しました。父はいったい何の目的で、娘の将来を破滅させるようなことをするのか、本当に悲しかったです。私がまるで平気で淫行をする女であるかのように、侮辱の言葉を平然と並べ立てる父を止める術もなく、泣き声を漏らさないように必死で歯を喰いしばって耐えました。

父は家庭の中で、私を暴力の捌け口の慰安婦として扱ってきました。だから、嫁ぎ先の親の前で殴ろうが、蹴ろうが、家庭内で何の良心の呵責もなく平然と暴力を振るっていたので、何の躊躇もなく私を侮辱したのだと思います。

結婚後、当然のことながら、私には嫁としての立場はありませんでした。実の父親から罵倒されているような女を嫁として容認することなんて、常識で考えても、生理的に無理なことだと思います。今、振り返れば、よく息子の結婚を認めたものだと思います。盲であるという弱さから、息子の無謀な人生設計に反対し切れず、息子に押し切られてしまったのだと思います。もし、父親から殴られている娘の光景を、実際に見たとしたら、誰がそんな汚点のある女性をわざわざ嫁として迎えるでしょうか。

私自身、それまで視力障害を持つ人と接したことがなかったので、戸惑うことも多かったです。

両親の付添として、市や区の行政の福祉担当者と会う機会も多くありましたが、福祉に精通された方々であるはずなのに、高圧的で障害者を小馬鹿にしたような態度で私達に臨まれる方も多く、屈辱を感じました。障害を持っているというだけで、赤の他人からこんな惨めな扱いを受けることに、憤りを感じると同時に、福祉とは名ばかりの行政担当者に対しても、怒りを感じました。

視力障害者である両親たち自身も、他の障害や社会に根深い偏見や恨みを抱いていることも分かりました。どうして、怒りっぽいのか、どうして、他の障害や病気や問題を持つ人を理解できないのか、両親の心の狭さに悲しみを感じました。


私は、自然が大好きでした。空飛ぶ鳥を眺め、土や葉を這う昆虫を見るのが大好きでした。特に、鳥や虫たちの動きを見ていると、何故かわくわくして、嬉しくなりました。鳥や昆虫に単純な喜びを感じるという趣味がなければ、私は、凄まじい家庭内暴力に押し潰され、発狂していたと思います。この自己逃避のおかげで、自分を護ることが出来たのだとも思えます。

しかし、義両親からは、そんな私の性格を理解してもらえず（一般的ではないので、普通の人にも共感してもらうのは難しいかもしれません）、「虫が好きなんて気持ち悪い。そんな暇があるなら、家事をしろ」と言われ、悲しい想いをしました。

こんな馬鹿げたことに喜びを感じる心なんて、捨ててしまえ！　そうすれば、もう、痛みなんか感じなくなる！　でも、捨ててしまえば、私は私でなくなる！

結婚したのに、家族として受け入れてもらえない、結婚したのに、家庭に何の喜びも生きがいも見い出せない、結婚したら、家庭内暴力から逃れられると思っていたのに、新たな問題に直面し、再び悩み始めた自分が愚かに思えました。何故、私だけがいつも不幸になってしまうのか、全てが虚しく、全てがバカバカしく思えました。

ＵＳ（アメリカ合衆国）のある病院の小児病棟のプレイルームで、ボランティアのヘルパーを経験することによって、自分の力で過去の苦しみや呪縛から逃れることが出来ました。それは、ＵＳで出会った人たちの暖かい支えと理解があってこそ、成し得たことだと思います。もし、私にＵＳに行くチャンスがなかったら、私は、一生涯、この抜け出すことの出来ない泥沼のような地獄で、もがき苦しんでいたと思います。

そしてそこで、ある全盲の少女との出会いがなかったら、私は一生、義両親に対して、偏見を持ち続けていたと思います。彼女が私の固まった心を、暖かい手で溶かしてくれました。

私は彼女に、心から感謝しています。日本での日常生活の中では、偏見や中傷、私に両親と呼べる人がいないこと、泥まみれの屈辱の過去を背負っていること、全てのことが私には苦痛です。ＵＳでは、どんな不幸を背負っていても堂々と生きる、胸を張って生きる、毅然とした生き方を教えてもらいました。でも、再び、日本に戻り、偏見や中傷に苦しんでいますが、心の中では、絶対に負けない！と叫んでいます。日本人の偏狭な心、苦しんでる人を平気で蔑んだり中傷したり、欧米人のような寛大な気持ちや思い遣りが無いこと、日本での虚しさに押し潰されそうな時、私はいつも、彼女のことを思い出すようにしています。だから、過去にどんなことがあっても、みんなも、負けないで！と願っています。

ある時、ヘルパーの仕事のためにプレイルームに入っていましたが、担当の子供がなく手持ち無沙汰の私に、突然、目の不自由な少女の世話を任されました。看護婦が盲目の少女の手を引き、私の前まで連れて来ました。その日の私は、少女の診察時間が来るまで、彼女と一緒に過ごすという仕事を命じられました。

私は、それまでに、視力障害を持つ人に対しては手を握って孤独を感じさせないようにしなさい、と指示されていたので、そうしました。

彼女の手を取り、簡単な挨拶をして、私の横に座ってもらいました。プレイルームの責任者が、盲目の少女に、「あなたの横に居る女性は、東洋人よ」と声を掛けました。ローラという名のその少女は、私が外国人と知り、大喜びしました。

「わぁ！　私、外国人に会うの、初めてなの！　ねぇ、顔、触ってもいいですか？」

私は、彼女の両手を取って、私の頬に置きました。

「私は、ユーコ。ねぇ、触ってごらん。あなたの顔とずいぶん違うのよ」

「私の髪は黒。眉毛も、睫も、瞳も黒。あなたのは柔らかくて、綺麗な金髪だけど、私のは堅いよ。鼻も小さくて、低いのよ。あなたのは高いけれど。おでこだって、平べったいでしょ？ほら、私の顎、しっかりしてるでしょ？　東洋人の顔って、白人のあなたに比べると、少し平らで、がっしりした感じでしょう？」

彼女は興味津々といった様子で、私の顔を探りました。震える細い指先を触手のように動かし、指先に全神経と感覚を集中させ、私の顔を必死で確かめようとしていました。

髪や眉毛、鼻の穴や耳の穴の形まで、どうなっているのか、懸命に確かめようとしていました。

彼女に、ここは耳、ここは鼻、目、口、と説明しました。

それでも彼女は、私の説明がまるで耳に入らないかのように、なおも私の顔をまさぐりました。だんだん汗ばんでゆく震える指先は、執拗に私の顔を這い廻り、身動き出来ずに耐えている私の神経を苛立たせてゆきました。

私は彼女に、〝間違いの無い、正しい英語〟で説明しているのに、理解できないなんて、彼女は知的障害も持っているのかしら、と思いました。

ネバネバとした吸盤の付いた触手のように私の顔を這い廻る、彼女の汗ばんだ指の振動に、私の忍耐も我慢の限界！と感じた、まさにその瞬間、部屋の隅で別の子供の相手をしていたプレイルームの責任者が、盲目の少女に向かって大声で言葉を投げ掛けました。

「ローラ、ユーコは美しいアジアの女性よ！　ユーコは東洋美人よ！」

少女は彼女の言葉を聞いて、あぁ、良かった！と呟き、満足したように私の頬を撫でてから指を離しました。

私は、その時はじめて自分の過ちに気付きました。少女が知りたかったのは、顔の部品の仔細ではなく、もっと感覚的な、どう見えるか、ということだったのです。責任者は的確に、私の苛立ちと、少女が本当に知りたかったことを悟り、それが嘘であったとしても、〝あなたの目の前の女性は、美人よ！〟と即座に叫べた責任者は、本当に立派な人だ、と思いました。

日本では、〝真っ赤な嘘〟。でもアメリカでは、これを〝White lie〟という。赤と白ならば、白の方がマシか、そう思い、その〝白い嘘〟を受け入れたと、責任者に笑顔でウインクして応えました。

その時、私は心の中で、この盲目の少女に対して、たとえ彼女と過ごす時間が一瞬であっても、彼女に何か、普段では経験できないことを感じさせてあげよう、と誓いました。

だから、彼女にそうさせてあげられるだけの力と言葉を私にください、と神様に祈りました。

元来、信仰心など持ち合わせていない私だったのですが、その時は神様に、〝私のために使うのではなく、少女のために使うのだから、力と言葉を与えてください。お願いします〟と何度も祈りました。

彼女の手を取り、私の膝に置きました。盲人には不安や孤独を感じさせないようにそうしなさい、と言われていたので、単純にそうしました。

「ねぇ、鳴き声当てゲームしない?」と彼女に提案しました。それは、いろいろな動物の声を真似て、言い当てる簡単な子供向きのゲームでした。患者には絶対に年齢を尋ねてはならない、と言われていたので、私は彼女が何歳なのか判りませんでした。目の前の少女は小柄でした。彼女が、外見通りに一〇歳なのか、小柄な一六歳なのか、それとも、幼く見える二〇歳なのか、私には見当もつきませんでした。

長期間の闘病生活で、栄養も満足に摂れず、身体的な発達に遅れが見られる子供たちに、何歳? 小さいね、とか、まだ歩けないの? 等々の質問は拷問や侮辱に等しく、苦痛以外の何物でもないので年齢を尋ねてはならない、ということをヘルパーの仕事に就く前に徹底して教えられていました。どんな状態であっても、どんな姿であっても、その子の全てを受け入なければならない、というのはどういうことなのか、実際にプレイルームの責任者が患者である子供たちに接する優しく包容力のある態度から学びました。

だから、私は彼女の年齢を聞かぬまま、何種類かの動物の鳴き声を、日本流とアメリカ流に鳴き分け、知っている限りの鳥の声も真似てみせました。しかしすぐに、このゲームは彼女には稚なすぎたことに気付きました。彼女は、やはり一〇歳以上の女の子だった、接し方を年相応に変えなければと思った、その時、彼女が私に尋ねました。

「ねぇ、鳥ってどうやって飛ぶの？　教えて」

その質問に、私は感謝しました。私は鳥が大好きだったので、鳥に関しては彼女に話せることが一杯ある！　自然観察を捨てなくって良かった！と思いました。

「うん！　鳥って、たくさん種類があるから一概には言えないけど、飛べない鳥も一杯いるんだよ」

「えぇー！　飛べるから、鳥じゃない⁉」

「違うよ、飛べないのもいる。あなたもよーく知ってる。思い出して」

「あっ！　分かった！　それは、ペンギン？」

「そうそう、ペンギンだけじゃなく……」

「なーんだ、ダチョウだって、そうよね！」

「そうそう、飛べない鳥って、結構いるでしょう？」

私は、自分の不十分な英語で伝えられる限りの鳥の話をしました。

「ローラ、私ね、鳥になりたい！　飛びたい‼って、いつも思うの。一生懸命、手を翼のように動かしてみるけど、全然、体が浮かばない。でも、いつか、絶対に飛んでやるぞ!って思って、羽ばたいてる。みんな、バカじゃない?って言うけど、みんなは知らない。想像したら、飛べるんだよ。だから、私は、いつでも飛べる。本当だよ。空飛ぶ鳥を見て『鳥さん、お願い、私の代わりに飛んで!　そして、何が見えるか、教えて!』って心の中で叫ぶの。そしたら、本当に体が軽くなって、飛んでる気持ちになれるんだよ。みんな、そんな私をバカみたいって言うけど、私、本当に飛べるんだよ」

「ねぇ、白鳥っているでしょう。私、アメリカに来て、初めて見たよ。それまで、優雅で、可憐で、華奢な鳥って思ってた。でも、本当は、全然違う。白鳥って、逞しい!　あの大きな、重い体を浮かせるためには、凄ーい力が必要なの。だから、ボディービルダーみたいに筋骨隆々!翼を動かすたびに、胸の筋肉が動くよ!」

「鳥にも、飛び方が一杯あって、首を伸ばして飛ぶ鳥、曲げて飛ぶ、矢のように飛ぶ、波乗りみたいにポンポン飛ぶ、いろーんなのがあって、みんな違うから不思議!」

ローラは私の手を握りながら、文法も単語もかなり間違っているに違いない私の話を、真剣に聞いてくれていました。少女が口を開きました。

「ねぇ、ユーコ、私も飛べると思う?」

「もちろん!!　あなたも想像したら、飛べるよ!」

「じゃあ、どうやって飛ぶの?」

少女が尋ねました。

「まず、どの鳥になるのか、ローラ、あなたが決めなきゃ」

「じゃあ、ユーコは、どの鳥が好きなの?」

「私は、もちろん、イーグル!」

「イーグルって、アメリカの国鳥のイーグル?」

「そうよ、そのイーグル」

と答えましたが、実際にはイーグルなど見たこともない私の頭の中には、日本の空を飛ぶトンビの姿しかなく、トンビは英語ではホークなのかイーグルなのかも判らないという、いい加減な状態でした。しかし、すでに訂正するのは不可能な状態になっていたので、自分自身、嘘つきだなと感じながらも、話を続けました。

「じゃあ、どうするの?」

「イーグルって、高い崖や木の頂に止まって、そこから、シューって滑るように降下して飛び立つの。だからあなたも、何処か高い所に登った気にならなきゃ」

私がそう言うと、盲目の少女はスーッと椅子から立ち上がりました。

「ねぇ、私、今、電信柱のてっぺんにいるの。それから、どうするの?」

私は、少女が本気で飛ぶつもりになってることに驚きました。私は大慌てで、少女に指示を出しました。

「すごい！　準備ＯＫだね！　じゃ、風を読んで！　あなたが乗れそうな風が来たら、それに、エイって飛び乗るの！　さぁ、どの風に乗る？　準備して！　風を感じて、読んで！　Are you ready!?　GO!」

盲目の少女は勇敢に、電信柱のてっぺんから、両手を拡げて飛び立ちました。

「わぁ！　すごい！　飛んでる！　すごい！　あなたは、自由よ！　手を拡げて！　バランス取って！　右手を下げたら、右に回るよ！　左手だと、左！　風を押さえ付けるようにしたら、もっと上に昇るよ！　そう、上手！　翼を倒すと急降下！　すごい！　上手！　風を読んで！　羽ばたきしたら、空中で留まれるよ！　すごい！　ローラ！」

彼女は、本当に大空を飛んでいました。彼女が両手を拡げる姿が、私の頭の中の、トンビが大空を旋回する姿と重なりました。その瞬間、私は叫びました。

「ローラ！　あなた、本当に、飛んでる！　すごい！　とっても、素敵！　ローラ！　何が、見える!?」

と言った瞬間、私は、心臓が苦しくなるほど後悔しました。盲目の少女に、何が見えるかなんて、何と残酷なことを言ってしまったのか！　何と酷いことをするのか！　私は最低の人間、と感じました。

この後、どんな言葉を続けたらよいのか、彼女の心の痛みを思うと、自分の愚かさに打ちのめされました。しかしその時、ローラの煌《きら》めく心を映す言葉が返ってきました。

「私、今、草原の上を飛んでる！　緑の草が、風になびいてる！　大きな家畜小屋が見えるよ！向こうの森の木立も風になびいてる！」

彼女の言葉を聞いて、涙が流れました。ヘルパーは泣いてはならない、と言われていたので、絶対泣いてはならないと思うのに、涙が止まらなくなっていました。盲目の少女の純真な心に感動して、そして、己れの愚かさを知らされ、涙が溢れました。

この盲目の少女は、彼女の豊かな想像力を働かせることによって、視覚を補うことが出来る、素晴らしく、恵まれた才能の持ち主なのだ、と思いました。誰が、この少女に、盲目だから世界が見えないなんて言えるでしょうか。彼女はその豊かな感性と想像力で、見えないという障害など、完全に克服し、超越してしまっている、と感じました。

彼女に、再び尋ねました。

「ローラ、これから、何処に行くの？」

「あの、光り輝く太陽まで、飛んで行くの！」

そう言葉を残して、少女は大きく翼をはためかせ、力強く大空に向かって飛び去りました。

私は、彼女の後ろ姿に、いってらっしゃい！　素敵な旅を！　と言って見送りました。

しばらくして彼女の集中力が切れ、恥ずかしそうに椅子の上に舞い降りてきました。

「ローラ、あなたも飛べるんだね！　すごいよ！」

と彼女を迎えました。

「ねぇ、ユーコ、じゃあ、スズメはどうやって飛ぶの？」

と尋ねます。

「うん、スズメはイーグルとは違うの。何処からでも飛べる。バタバタって」

少女は、手をパタパタと動かしました。

「スズメになるなら、もっと速く動かさなきゃ。もっと速く！」

と私が言うと、少女は、スズメは疲れるわ、と言い、もう鳥になるのを止めました。

次に少女は、私に、彼女の国に来て何に一番驚いたのか、と尋ねました。私は、少女の質問に笑いながら答えました。

「食物も、服も、そんなに違いはないから、驚かなかったけど、アメリカは、私の国と違って、とっても大きい、と思った。自然がいっぱいなのが嬉しかった。たとえばリスや白鳥を近くで見れたこと。でも、私が一番驚いたのは……でも、馬鹿みたいだから、夫も人に話さない方が、賢いんじゃないって言うよ。私が一番驚いたこと、ローラ、笑わずに聞いてよね」

ローラはクスクス笑っていました。

「生まれて初めて飛行機に乗って、アメリカに来て、初めて立った所、そこはシカゴだったの」

間違いだらけの私の英会話にも、ローラは楽しそうに聞いてくれているようなので、そのまま話を続けました。

「シカゴで、初めてアメリカのスズメを見た！　もう、息が止まりそうになるくらいびっくりした！　アメリカのスズメは、ハゲ⁉　ウソー！　何でハゲてるの？」

「よーく見て、じーっと見て、どんなに見ても、やっぱりハゲてる。うーん、そうか。そこで、思ったの。アメリカのスズメも、昔々イタズラをして、神様か誰かに怒られて、罰が当たって、ハゲになってしまったんだって。日本の昔話では、お婆さんの大事なゴハン（正確には、洗濯糊）を食べてしまったスズメは、怒られて、舌を切られてしまったの。結構、残酷。でも、昔話って残酷な話が多いでしょう？　だから、アメリカのスズメも、昔イタズラをしたからハゲにされてしまったのかなって」

ローラは笑っていました。

「日本には、そんな話が一杯あるよ。熊や猿のシッポが短いのは、イタズラをして罰が当たったから、とかね。だから、アメリカにもイタズラなスズメの話があるのかなって思った。ねぇ、ローラ、アメリカにはそんな話がある？　知ってたら、教えて」

ローラは笑いながら、知らない、と答えました。

「でもね、よーく、よーく、一生懸命、スズメの頭を見ると、ハゲじゃなかった。ハゲに見えたのは、アメリカのスズメの頭は灰色で、日本のは茶色なの。色も大きさも、全く同じなのに、頭の色だけが違ってた。だから、ハゲだって間違えちゃったの。でもね、アメリカのスズメはハゲだ！って驚いていた数分間、私は、息も出来ないくらい感動してた！」

ローラは、クスクス笑いながら、穏やかに私の話を聞いてくれました。そして次は、私の国では、人々がどのような服を着ているか教えて、と頼みました。

私は、笑いながら、もう、民族衣装は祭りや特別な儀式の時にしか着ないことや、今日ではアメリカ人の服装と全く違いがないこと等を話しました。

日本や韓国では、未婚の女性の民族衣装の方が色鮮やかなこと、国々によって独自の衣装があること、そして日本髪や着物の特徴等、足りない英語で説明しました。もっと私に語学力があったら、もっと勉強していたら、もっと文化や民俗学に造詣が深かったら、もっとこの少女に生きと説明できたのに、出来ない自分を悔しく感じました。

その時、少女の手がピクリと動きました。それまで、私の話を終始楽しく聞いていてくれていたのに、何故だろう、と思いました。私に預けている手の不安気に細かく動き始めた彼女の指先から、少女が何かに悩んでいることが伝わってきました。私が少女を傷つけるようなことを言ってしまったのか、自分のしゃべった英語を頭の中で再検証しました。やはり、私の言葉の問題ではなく、この少女の問題だと思い、少女の言葉を待ちました。

少女は悩んだ末に、ようやく口を開きました。

「ねぇ、ユーコ、私、結婚できると思う?」

そう尋ねたのです。

その問いに、少女が背負っている宿命の重さを感じました。少女は、誰かを好きになったのに、見えないという障害のために自分の気持ちを素直に伝えることができずにいる、と感じました。私は、少女に年齢を聞かないでおいてよかった、と思いました。彼女はもう、恋をする思春期に入っていたのだ、と思いました。

その瞬間、私はもう一度、神に祈りました。この子のために、一瞬でよいから、彼女を支えられる言葉と力を貸してください、と祈りました。私は友達から、恋に悩む少女をめぐる話を聞いていたので、この英文には間違いはないと思い、自信を持ってゆっくりと話を始めました。

「ローラ、もちろん、あなたは結婚するよ。あなたは、とっても美しい子よ。私は、あなたに会ったばかりなのに、あなたがどんなに素敵な人なのか、すぐに分かった。あなたは、とっても、とっても、素晴らしい人。誰からも、愛される素晴らしい人。もちろん、あなたは、結婚する」

私は、言い誤らない！　神様、言葉と力をください、と祈りながら、聞いた通りの話をしました。

それは、夢見る少女を、白馬の王子様が迎えに来る話でした。〝白馬の王子〟では、少し時代遅れなので、私流に、赤いスポーツカーに赤いバラの花束を持って来る City Boy と、野に咲く可憐な花を抱えて遠い町から歩いて来る Country Boy の話も加えました。

「ねぇ、ローラ、あなたは、とっても美しい子だから、その時になればいろんな男性があなたのもとに来て、〝結婚してください！〟ってお願いするから、一人に決めるのは、もう、大変！って、思うよ。きっと！　誰に決めるのか、きっと、あなたにとって難しい問題になるよ、きっと。あなたは、とっても美しい子よ」

私は、何度も何度も、繰り返しました。

心の中で、ローラ、〝うん〟って首肯いて！　お願い！と叫んでいました。

アメリカ人は、東洋人と比較すると、かなり楽天的な人種だと認識していました。二、三回、それでもダメなら五、六回、〝できるよ！　できるよ！　あなたなら！　絶対にできる！〟と吹き込めば、〝うん、そうだね。やってみる！〟と簡単に言えるタイプの人ばかりだと思っていました。たとえ失敗しても、〝残念、次に賭けるさ！〟とアメリカ人ならば誰でも言える、と思っていました。

しかしながら、病院が主催した〝障害を持つ人のために、障害を持つ家族を抱える人のために〟と題した講習会に参加し、そこで初めて、何らかの障害を持ってしまった場合、家族が障害を持つ場合、そんな家庭の人は自分に自信が持てなくなる場合が多い、と教わりました。この少女の場合も、同様に全く自分に自信が持てなくなっている、と感じました。楽観的で、自己主張の強い、完全にプラス思考のアメリカの環境で育った、アメリカ人の少女であるのに、視力障害がこんなにも少女の思考をマイナス方向にねじ曲げてしまっている事実に、障害を背負って生きて行く辛さと不幸を、改めて感じました。

少女は、私の言葉には答えず、黙っていました。私の手の中の震える少女の指先から、少女が未だ苦しみの中に居る、ということだけは分かりました。少女の苦しみは、もっと別な深い所に在るのかもしれない、少女が自分の口から、それが何であるかを話してくれるまで、静かに待とう、と思いました。私は、少女がどんなことを言ったとしても、この少女を支えてあげられるだけの力を与えてください！と神に再び祈りました。

少女から言葉が出ました。小さく震える声でした。

「ユーコ、私に、健康な赤ちゃんが生めると思う?」

その質問に、私は大きな衝撃を受けました。病院主催の講習で、『どんな赤ちゃんでも、時が経てば子供になり、そして大人になる。だから、その子がどんな障害を背負っていたとしても、人を愛し、人に愛され、社会生活を営み、結婚し、子供を生み、育てていける一人の人間として、その子を育てていかなければならないという義務を、私たち大人は背負っている』と習いました。『どんな障害を背負っていても、その子が人を愛したら、家庭を築き、愛した人の子を生み、育てていく、という永い遠大な道程まで、それを一連の〝命の自然で当然な流れ〟として私たちは考えなければならない』と講習会で言われたことを思い出しました。

ローラの悩みと苦しみは、〝命の自然で当然の流れ〟をローラ自身が、その視力障害によって、受け入れることが出来ないのが原因、と感じました。

少女の震える指先から、彼女が深い深い悲しみの中に一人沈んで抜け出せないでいる苦悩が伝わってきました。

その時、私は、〝大丈夫! 講習会で習ったから、この英語には誤りはない! そして、私にしか言えないことがある! 私は、ローラを闇の中から引き上げられる!〟と思いました。

「ローラ、もちろん! あなたは結婚して、とっても元気な赤ちゃんを生むよ。本当! ローラ、あなたはとっても美しい子よ！　とっても美人！　だから、男の子でも、女の子でも、美しい赤ちゃんができるよ！　本当！」

と私は言いました。

少女は私の言葉には何も答えず、というより、それは口に出して言えるほど簡単な問題ではない、答えないのではなく、答えられないのだということが、少女の震える指先から理解できました。

ここからは、私にしか言えないことを言うよ！　私だから言えることを言うよ！　ローラを苦しみの中から救い出す！　神様に、ローラを救えるだけの力でよいから、言葉を貸してください、と祈りながら言葉を続けました。

「ローラ、ねぇ、聞いてくれる？　私の夫のこと。私の夫の両親はともに盲人なのよ。二人ともに盲人だったけれど、健康な子供を二人も生んで、立派に育てたよ。その一人が私の夫。ちっともハンサムじゃないけど、でも真面目なイイ人だよ」

「あなたはとっても美しいから、とっても美人だから、美しい赤ちゃんだと思うよ。あなたは、とっても立派な人だから、立派に子供を育て上げることが出来るよ。私ね、盲人だけど、立派に二人の子供を育て上げた両親を誇りに思う。夫もそうだと思うよ。視力障害があって、家庭を持つなんて、容易じゃなかったと思う。ましてや、子供を生んで育てるなんて、大変な苦労だったと思う。でも、そんな困難にも負けずに、立派に育て上げた両親は、本当に立派だったと思う。あなたも、そう。あなたなら、出来る。私、あなたのこと、大好きよ。あなたは、とっても素晴らしい子よ。あなたは、人に愛される子よ。だから、人を愛して、愛されて、結婚しなさい。そして、子供を生みなさい。あなたなら、きっと健康な子を生んで、立派に育てあげられるよ」

そう私の口から言葉が出た瞬間、私自身、初めて、夫の両親の苦悩を理解しました。視力障害を背負って、どんなに苦悩の道程を歩いてきたのか、どんなに辛かっただろうか、二人の子供を生み、育てた苦悩の道程、暗闇の中、手探りで不安と共に歩んだ苦難の道程、夫の両親は偉大だった……と、その時初めて心から思いました。自らの言葉で、夫の両親のことを盲目の少女に伝えた時、初めて、夫の盲目の両親の苦悩を理解しました。

少女の指先から伝わってくる振動が、光の無い世界に棲む人が持つ苦しみを私に教えてくれました。彼女の暖かい指先の振動が、私の盲人に対する偏見と誤解、そして無理解を改めて認識させ、そこから解放させてくれました。彼女の震える指先が、私が両親に対して抱く凍りついた心を、優しく暖かく溶かしてくれたように感じました。もし、彼女に出会わなければ、私は一生涯、夫の両親の苦しみや悲しみを理解できず、不満だけを抱いていたのではないか、と思いました。

私は彼女に感謝しながら、言葉を続けました。

「ローラ、あなたなら、きっとできるよ。絶対にできるよ！」

何度も何度も、彼女に言いましたが、深い深い悲しみの淵に一人沈んでいる少女を引き上げることは出来ませんでした。彼女の逃れることの出来ない苦しみと、目の前で苦しんでるのに、手を握っているのに救えない、その事実に私は悲しくなりました。

ローラ！　お願いだから、〝そうだね、私にも出来るかな？〟って言って！　ローラ！　お願いだから、自分自身を否定しないで！　ローラ！　お願いだから、首肯いて！　私は心の中で叫んでいました。

しかしローラは、私の言葉には答えず、終始、頭を横に振っていました。それは、全てを否定し、〝私は、そうは思わない！〟と全てを拒絶しているように見えました。

「ローラ、あなたならきっと出来るよ！」という私の言葉を遮り、少女は固い口調で彼女の意志を宣言しました。

「もう、これ以上、話したくない。別な話をして！　そう、あなたの国の話をして！　お願い！」

私は、彼女に私の気持ちを理解してもらいたいし、もっと彼女に自信を持ってもらいたかったけれど、これ以上この話をしても、彼女を追い詰めるだけかもしれない、と思いました。もっと、私の英語が上手だったら、もっと、私に力があったら、この少女の力になれたのに、そう出来なかった自分を腹立たしく感じながら、話題を変えました。

「そうね、私の国、あなたの国と殆ど変わらない。食物だって、服だって、同じように食べて、着て、殆ど同じ。でも、普段の食物はずいぶん違うかな？　海藻とか、イカとか、タコとか、貝とか、アメリカ人の信じられないような物、食べてる。でも、おいしいよ！　うん。そうそう、決定的な違いは、言葉かな？　日本語と英語は全く違う発想なの。英語は、アルファベット二六文字で表すけど、日本語は漢字という文字、何百、何千って漢字で、それぞれに意味があるの。二千年も前に、漢字は中国から伝わったんだけど、日本では中国には無い文字も使ってるの。英語はアルファベットを知れば、何とか本が読めるけど、日本語はそうじゃない。漢字も知らなきゃ、本が読めない。でも、いったん漢字の意味を知ると、その字が読めなくても意味は判るという、便利な文字なの」

私の少ない語彙で、言葉を説明するなんて至難の業でしたが、少女は日本語に興味を持ってくれたようでした。

「まぁ、そうなの。じゃあ、あなたの名前も漢字なの？」

「そう、私の名前も漢字。ユーコ、漢字でYUとKOは、有は何でも持ってる、子は女の子って意味。女の子の名前には大体、子が付いてる。ユーコ、ヨーコ、ケイコ、レイコ、ヤスコって、子が付いてる。漢字にはそれぞれ意味があって、それぞれ幸せな女の子になりますようにって願って、名前を付けるんだね」

私は、少女の掌に、有子と書きました。少女は、何度も書いて、と頼みました。

「ねぇ、私の名前も日本語で書いて」

と、頼みました。

「う〜ん、ローラねぇ。ロとラは、日本語では難しいなぁ……」

ロとラに当たる漢字を思い浮かべました。頭の中に、瑠璃という文字は浮かびましたが、ロとラは浮かばず、浪漫のロもただの波になっちゃうし、何かないかしら、そう思った時、〝楼蘭の彷徨える湖〟を思い出しました。目の前の可憐な少女に与えるにふさわしい、素晴らしい名前を思い付きました。

「ローラ、あなたにぴったりで、最高の漢字の名前がある！ ローラのロウは、中国のお城の楼。中国のお城は、ヨーロッパのお城と全然違う。とっても、エレガント。緑の輝く瓦に、赤い柱、とっても美しい姿。そして、ラは、森羅万象の羅。宇宙全ての物事を理解するという意味の、羅。ローラ、〝楼羅〟。中国のお城のように、気高く優雅で、そして、森羅万象、全ての事を理解できる素晴らしい女の子。楼羅、この名前をあなたにあげる。ローラ、あなたにぴったりの名前よ！」

少女は掌に〝楼羅〟と書いて、と頼みました。何度も何度も、書いてと頼みました。私は、ゆっくりと、楼、羅と言いながら、何度も何度も書きました。

少女は、小さく頭を左右に振りながら、もう一度、もう一度、と頼みました。私は彼女の言う通り繰り返して書きました。

「あぁー……私には、全然分からない！ 悲しい……」

と悲痛な溜め息が聞こえたので、私は慌てました。

「ローラ、そんなことない！ このロとラという漢字はとっても難しい字なの。大人でも辞書を引いて確認するよ。それに、アメリカ人に漢字の話するでしょう。何千も漢字があって、そして書いて見せるでしょう。そしたら皆、顔をしかめて、〝ナンダ、コレハ！〟って驚くの。漢字を見ても、アメリカ人は全然分からない。そして過剰反応の人なんか、あぁー、目が回る、吐き気がする！って言うよ」

「ローラ、私たちは日本人で漢字を使ってるから、分かる。だから、中国の漢字も、発音は全然違うけど、何となく意味は分かる。字が同じだから。日本の隣の韓国では、全く別の文字を使ってるから、全然分からない、読めないし、想像も出来ない。でも、その字が上か下かぐらいは推察できる」

「でもね、ローラ。インドでは、いくつも言葉があって、同じインド人でも、他の言語は読めないし、理解できないって。私には、何がインドの文字なのかも分からない。もっと、スゴイのはペルシャ語やアラビア語！ 普通、文字って左から右に書くでしょう？ でも、アラビア語は、右から左に書くの。これは、この字って説明してもらっても、全然分からない。一生懸命、理解しようって、睨んで、睨んで、睨んでみても、分からない。その字が、上なのか、逆さまなのか、もしかして、裏返しなのか、それさえ分からない。違う言語や文字なんて、一生懸命考えても、全然分からないものなの」

その瞬間、ローラの体に電気が走ったのを感じました。驚いて、横に座っている彼女を見ると、顔を上げ、神に感謝しているような、歓喜溢れる喜びの表情をしていました。

彼女の口から一気に言葉が出ました。

「字が見えてるのに、全然読めないの⁉」

少女は繰り返し尋ねました。

私は、〝うん、そうだよ！〟と言おうとした途端、この場合、英語では一貫して、NO! を貫き通さなければならないことを思い出しました。

“Can't you read them at all?”という問いに、〝うん、Yes〟と日本流に答えてしまってはならないのでした。一瞬答えに戸惑うほどの語学力で、少女に偉そうに知ったかぶりで教えている私は、〝本当！　悪い奴！〟と思いました。

私は、“No!”の代わりに、〝それは、本当の真実！〟と答えました。少女が再び、

“Even though you can see all those letters, can't you read them at all?”と繰り返して尋ねました。

私は、“That is all true. We can't understand them at all!”と震えている盲目の少女におぼつかない怪しい英語で答えました。

少女は、何かに感動して震えていました。何かに歓喜していました。ローラ、どうしたの?と思った瞬間、彼女の歓喜の意味が分かりました。盲目の少女は、それまで、『見える人には、何でも分かって、見えない私には分からない』と思っていたけれど、『見えていても、分からないことがいっぱい在る!』という事実を知って、初めて、彼女の〝見えない〟という劣等感から解放されたのではないか、と思ったのです。

少女は、震えていました。震えながら、喜びの長い長い溜め息をつきました。〝あぁー……神さま……〟と少女が小さい声で呟いたのが聞こえました。そして、彼女は高らかに宣言しました。

「ユーコ、私、スペイン語が話せるの!」

私は驚いて、スペイン語を教えて!と言いました。彼女はゆっくりと、1から10までを数え、彼女の知ってるスペイン語の全てを披露してくれました。たった10までしか知らないのに、スペイン語を話せると言い切った少女を、その時、とても愛らしくいとおしく感じました。

少女にもう一度、スペイン語で話してみて、と頼みました。少女は何度も繰り返してくれました。彼女の言葉を聞いているうち、アメリカに滞在する南米のスペイン語訛りの英語を思い出しました。あぁ、彼らの国では、こんな風に発音するから、巻き舌の英語の感じになるんだな、と理解しました。その時、彼らの母国である南米大陸を感じました。青く澄んだ空に、白く輝く雪を抱いて険しくそびえ立つアンデス山脈が頭の中に浮かびました。私は、アンデスの激しい気流に乗って力強く飛ぶコンドルになっていました。アンデスの山々と山間部で暮らす民族衣装をまとった人々の姿が、コンドルになった私の目に映りました。彼女の語ってくれたスペイン語が、私の想像力を触発し、あたかも、アンデスに行った気分にさせてくれた、と思いました。

「ローラ、ありがとう！　私、あなたのスペイン語を聞いて、本当に、南米のアンデス山脈を見た気持ちになれたよ！　ありがとう！　私をアンデスに連れていってくれて！　ねぇ、ローラ、あなたはスペイン語から何を思うの？　あなたはスペイン語から、何を感じるか、教えてちょうだい！」

ローラはクスクスと楽しそうに笑いました。少し恥ずかしそうに、彼女の〝スペイン語・スパニッシュ物語〟を聞かせてくれました。

「スペイン語、スペイン語、スペイン語……そう聞いたら、まず私が想うのは、メキシコなの……」

ローラはゆっくりと物語を語り始めました。

「その物語は、いつも一人の男の人から始まるの。その人は、いつもロバに乗ってるの。ロバって可笑しい？　馬よりカッコ悪いけど。険しい山道は馬よりもロバがいいって聞いたから、だからその人はロバに乗ってるの」

語学力の無い私は、単語を聞き漏らさないようにと少女の話に神経を集中させた途端、少女の物語の中に入り込んでいました。

「ロバの背に乗って、その人は、ゆっくり旅をしているの。険しい山々、木々は無く、乾燥した大地、道の両側には不思議な姿のサボテンの木立が広がってるの。小さな町に近づくと、むせ返るようなレッド・ペッパーと乾燥した赤土の埃の匂い。耳を澄ませば、遠くから、メキシカン・バンドの奏でる軽快な音楽が聞こえるの。少年少女たちが、白い衣装を着飾って、楽しそうに踊ってる」

私は以前、お祭りでメキシコのバンドと踊りを見たことがありました。色鮮やかなソンブレロをかぶり、バンジョーにギター、バイオリンにコルネット、陽気で軽快な音楽を奏でる音楽隊でした。軽やかにステップを踏む少年たちは白のカウボーイ・ハットに白のシャツにパンツ、少女たちは純白のレースのブラウスに豪華な白のレースのスカート。少し恥じらいながら、そして、時に挑発的に、思春期の爽やかで明るい恋の始まりを予感させるような、楽しい軽やかなメキシコの少年少女たちの踊りでした。私には踊りや歌など芸術的なことは分かりませんが、メキシコの踊りのステップはスペインのフラメンコに似ているようだけど、フラメンコのような絡み付くような情念はなく、フラメンコが大人の踊りであるとすれば、メキシコの少年少女のダンスはもっと幼く、清楚な感じのするダンスでした。

少女の話を聞きながら、私の頭の中では、様々な情景が走馬灯のように浮かんでは消えてゆきました。少女は話を続けました。

「純白のドレスを着て踊る少女、見詰める瞳と瞳、二人は恋の始まりを感じるの。二人の恋を祝福するように、メキシカン・バンドの音楽が奏でられるの。二人は幸せそうに、夜が更けるのも気付かずに踊り続けるの」

「ロバに乗ったその人は、そこに留まれば、暖かい場所と安らぎがあるのに、また一人旅に出るの。どうして、出て行くの？　これから何処に行くの？　一人で淋しくない？　でも、また去って行く。メキシカン・バンドの音色も、レッド・ペッパーの鼻を刺すような匂いも、遠ざかるの。今日もまた、月明かりの下で、コヨーテの遠吠えを遠くに聞きながら、一人淋しく眠るの！　お・し・ま・い！」

「これが私の、スパニッシュ、メキシコ物語よ」

少女は、〝聞いてくれてありがとう〟と言いながら無邪気に笑いました。

私は感動して、しばらくの間、言葉が出ませんでした。最初の言葉が泣き声になってしまうのではないか、と恐くて声が出せないほど、心が震えていました。

私は、彼女の話を聞きながら、かつて耳にしたメキシカン・バンドの音楽を確かに聞きました。そして一瞬、レッド・ペッパーの刺激臭と赤土の砂埃の匂いがしました。私は確かに、あの匂いを嗅いだ！と思いました。私は本当に、そこへ行ったのだ、と思いました。少女の豊かで美しい想像力と表現力の物語を聞くことによって、私の心が洗われて、本当にメキシコを感じることが出来たのだ、と思いました。それは全て、類い稀なる少女の豊かな感性と想像力の成せる業、と感じました。

一瞬であったにせよ、この天賦の感性と想像力を持つ偉大な詩人に対して〝知的障害もあるのかしら？〟と疑った私は、何と傲慢で最低の人間だったのだろう、と自分を恥じました。

私はようやく、自分の英語でしゃべれる言葉を見つけました。

「ローラ、ありがとう！ 私をメキシコに連れて行ってくれて、ありがとう！ 私ね、本当に私、レッド・ペッパーの匂いがしたよ！ 私、少年や少女たちが踊ってるのが見えたよ！ 私、メキシコに行ったことないけど、行った気がした！ 私には、見えた！ ありがとう、ローラ！あなたの話、素晴らしかった！ ありがとう！」

「ねぇ、ユーコは日本語と英語のほかに何語が話せるの？ 外国の話をして」

ローラは、恥ずかしそうに笑って頼みました。

「うーん、英語のほかにはドイツ語を大学で習ったけど、今は1と2と3しか思い出せない！

ごめん……」

少女に、何か今まで経験したことのないような衝撃的な話はないか、と想いを巡らせました。その時、私が出来る最高の話を思い付きました。以前、アフリカに行ってみたくて、スワヒリ語を学んだことがありました。何とか、1から8までと、コンニチハとサヨウナラは記憶に残っていました。

「ローラ、私、昔アフリカに行ってみたくて、スワヒリ語を勉強したことがある。ケニアとタンザニアで話されてる言葉」

私は、1から10までと、簡単な挨拶をスワヒリ語で言いました。

「でもね、テープで聞いただけだから、正しいかどうか分からない」

ローラは、何度も繰り返して、と頼みました。私は、言われるまま繰り返しました。

「あぁー、分からない！　私は、ケニアが何処にあるのか、アフリカがどんなところにあるのか、私には、全然、分からない。ごめんね……」

少女は意気消沈していました。私が先ほど、ローラのメキシコの話を聞いた時、〝メキシコに連れて行ってくれてありがとう〟と連発したので、少女は私に感謝の言葉を言わなければと思ってくれている、その心の優しさを感じました。ローラに、具体的なアフリカのイメージが浮かばないのは、私が至らないせいでした。

私は、少女の手を取り、彼女の拳を地球に見立て、アメリカとアフリカの位置関係の説明を試みました。しかし、私自身、地理や緯度、経度、赤道等の英単語も知らず、日本語で子供に説明するのでさえ苦労するのに、ましてや言葉の欠落している英語では、明らかに不可能でした。

「うーん、ごめん！　私、英語、知らないから、うまく説明できない！」

その時、パチンと何かが閃きました。

「ローラ！　動物園に行ったら、最初に出会う、あなたが一番好きな動物は何？」

少女は、嬉々として答えました。

「それは、もちろんライオン！　大きくて、強くて、吠える声が、スゴイもの！」

私は自分の低い語学力の範囲で、アフリカを実感してもらえる良い方法が分かりました。

「そうそう、ライオンはアフリカから来たの。ローラ、他に好きな動物は？」

少女は、首の長いキリン、縞模様の美しいシマウマ、俊足のチーター等々、次々と固有の特徴を説明しながら名前を挙げました。

「動物園にいる動物の多くは、アフリカから来ている。アメリカには本来、住んでいなかったんだけど、これらの素晴らしい、美しい動物たちは、アフリカ大陸の素晴らしさと不思議さを紹介するために、アフリカから連れてこられたの」

「ローラ、でも、動物がアメリカと違うだけでなく、生えてる植物も違うよ。住んでる人々の民族衣装だって、食物だって違うと思う。ローラ、メキシコのレッド・ペッパーの話してくれたでしょう。アフリカではきっと、アメリカには無い香辛料使ってると思う。民族衣装や生活様式や郷土料理や、そんな人々の生活を一生懸命、調べてる人たちもいるよ。民族学とか文化人類学とか呼ばれている分野の人たち。人々の民族衣装や食物を見たら、何処の国の人って分かるんだよ、そんな人たちには」

文化人類学は新しく仕入れたばかりの英単語だったので、偉そうに知ったかぶりで使いました。少女に、色々な世界があることを伝えようと、少ない英単語を駆使して、一生懸命にしゃべりました。

「動物学者は、動物を見ると、何処の国から来たって分かるの。地質学者は、石を見ると、どの時代、何処の火山って分かるの。でも、地球にはまだまだ分からないことが、一杯、一杯あるの。いろいろな分野で、私たちが想像もしないようなこと、研究してる人も、大勢いるよ」

「ねえ、ローラ、あなたはとっても賢いから、勉強したら、何でも分かるようになる。あなたが、一杯、一杯、石に触って、これはこの時代って、それぞれ教えてもらって、知識をためたら、今度、あなたが見たこともないような不思議な石に触っても、これはこの時代って分かるようになる。あなたが、やろう！って思ったら、何でもできる！」

ローラは、クスクス笑いながら、そうなるかしら、と私の話を楽しそうに聞いてくれました。

ローラは、何にでも興味がありました。彼女の核心を突く質問に、語彙の乏しい私は、答える言葉に苦しみました。たとえ日本語で説明しても構わないと言われても、この盲目の少女を満足させるように答えるのは、難しいと感じました。この少女の天性の才能と感性に、私は完全に敬服しました。少女は、彼女の頭の中のスクリーンに映る映像を、聞いてる人の目の前にその写像を投影し、それがあたかも存在するかのように話をすることが出来る、天才的な感性の持ち主だと感じました。

私の誤りがある英語での会話にも、素直に驚いたり、感動してくれたり、少女が軽やかに笑うと、心が幸福感で満たされてゆくように感じました。この少女は、人を幸せに出来る天才少女なんだ、と思いました。

彼女との楽しい会話のうち、瞬く間に時間が過ぎていました。ふと気付くと、ローラの家族が待っているので、彼女を連れて来て、と看護婦に言われていました。

プレイルームの戸口に、初老の男性が立っていました。その男性を見た瞬間、言いようもない不安に襲われました。

アメリカは、家庭崩壊が起こりやすく、特に障害を持つ子供は、愛情や援助が普通の子供以上に必要であるにもかかわらず、両親から遺棄されてしまう場合が多いと聞いていました。

もしかしたら、ローラにも暖かい家庭が無いのでは……、ローラを護ってくれるお母さんがいないのかも……、ローラは誰からも愛情を注いでもらっていないのかも……、この初老の男性はローラの父親にしては、歳を取りすぎている、それともローラは年老いてからの娘なのか……そんなアメリカ社会の歪みの現実が私の心を乱しました。

ローラの手を引いて、その初老の男性に渡しました。その男性は驚くほど丁寧な英語で私に話し掛けてきました。

「今日は、どうもありがとうございました。この子は外国の方に会うのが初めてなもので、貴女のお顔に触りまして申しわけございませんでした。この子は目が見えないもので、触らないと分からないので、初めての異国の方だったので興味があったのでしょう。さぞ、ご気分を害されたことと思いますが、盲目ゆえ、ご理解をお願いいたします。今日は、この子もたいへん楽しかったことと思います。ありがとうございました」

私の方が恐縮してしまうくらい丁寧な感謝の言葉を言われて、私は慌てて言葉を探しました。

「いいえ、とんでもない！　私の方が感謝しています。彼女は素晴らしい女性です。とっても恵まれた女性です。私の方が、彼女からいろいろ教えてもらいました。彼女は、本当に恵まれた、全てのものを持っている、素晴らしい女性です。本当に恵まれた、心豊かな女性です。私は素晴らしい時間を、彼女のお蔭で持つことが出来ました。私が彼女に感謝しています」

私は、アメリカ人ならば言うであろう、知っている限りの賛辞の言葉を並べました。

その初老の男性は、にこやかに微笑みながら答えました。

「そうでしょう！　貴女も分かってくださいましたか！　この子はとっても〝恵まれた子〟なのです。この子は、とっても素敵な子なのです」

その男性の言葉が、否定的ではなく、肯定的な愛情のある表現だったので、少しはホッとしましたが、しかし彼がローラをこの子――Sheという他人行儀な名称を用いてるので、完全に不安を払拭することはできませんでした。

『ねぇ、ローラはあなたの娘じゃないの？　どうして、My daughterって言わないの？　それとも、My niece（姪）なの？　どうしてSheなの？　Myって言えないくらい、ローラはあなたにとって他人なの？』私の心の中では、そんな疑問が嵐のように渦巻いていました。

「あのー、彼女があなたにお別れの挨拶をしたいそうなので……」

と男性がローラの手を私に渡しました。私は少女の手を握りました。

ローラの腕がスルスルと延びて、私の首に巻き付きました。ローラの顔を初めて間近に見た瞬間、強烈な悲しみの衝撃が私の脳天を貫きました。少女は、すでに両眼を摘出した後で、目蓋は、以前お世話したことのある、腫瘍で両眼を摘出してしまった赤ちゃんのように縫い閉じられているようでした。私は、その時まで、ローラは奥目がちな典型的な西洋人の顔立ちで、ギリシャ神話の天使のような超美形、と思っていました。

私は、その時初めて、ローラの絶望的な宿命を知りました。

『神様のバカヤロー！　あんた、私のローラに何て酷いことするの！　私は許さない！　ローラから瞳を奪うなんて！　ローラから、見えるという希望まで奪ってしまうのか！　ローラに返して！　バカヤロー！　神様の大バカヤロー！』

少女の逃れることの出来ない残酷な現実を知って、涙が溢れました。泣いてはならぬ！と思っているのに、涙が止まりませんでした。少女に、私の泣き声や涙の震えを感づかれたりしないよう踏ん張りました。

心の中で、神に冒涜の言葉を吐き続けていた時、頭の何処かで声がしました。その声が、だんだん大きくなって、私の曇った目を開かせてくれました。

『ローラが、あなたに向かって、何を語ってくれたか、もう忘れたの？　彼女は、見える！感じる心が、瞳です。目とは、感じる心です。感じる心とは、想像力です。彼女は想像力の翼を羽ばたかせれば、何処にでも行けます。何でも出来ます。あなたは、ローラが飛んだのを見たでしょう⁉　見えないという外見上の事実だけで、あなたはローラの想像力の翼までもぎ取ってしまうのか⁉』

その声に、私はハッと目が醒めました。『その通り！　ローラは見えます！　感じる心が、瞳です！　ローラの天才的な才能の翼を羽ばたかせれば、自由自在に何処にでも行けて、何でも出来る！　ローラは自由だ！』

私は、神に祈りました。『今、暴言を吐いたことをお詫びします。だから、ローラと別れる、この一瞬、私に言葉と力を貸して！　ローラを祝福してあげられるような、素敵な言葉を私に貸してください！　お願いします！』私は必死でお願いしました。

さぁ、涙を気づかれないよう気持ちを立て直して、ローラにお別れの挨拶をしよう。でも、何と言おう。言葉を必死に探しました。

その時、少女が叫びました。

「ユーコ！　どうして泣いてるの!?　どうして？　ねぇ、私の顔が変だから？　私の顔が醜いから？　どうして？　言って！」

「違うよ。人間て、嬉しい時にも泣くんだよ」

私は心の中で、〝私に言葉を与えなければ、一生恨んでやる！〟と神様を脅迫しながら、必死で言葉を探していました。

「今ね、私、神様に感謝してた。今日、あなたに会わせてくれて、ありがとうって。それで、お願いもした。ローラが幸せになりますように、護ってねって」

「あなたの知ってるイエス・キリストだけじゃなく、私の国の大勢の神様たちにもお願いした。私の国には、あなたが信じられないほど大勢の神様たちが住んでるの。水や火の神様、山や海の神様、地の神様、木の神様、家や井戸の神様、馬や牛の神様、雷に風の神様！　私の知ってる限りの神様に、ローラのことお願いした！　ついでに、イスラムのアッラーの神、ヒンドゥーの神々、昔読んだギリシャ神話の神々にも、ローラのことお願いしたよ。ローラが幸せになるように、護ってねって」

「だから、ローラも、一生懸命、努力して、勉強して、諦めたりせず、最後までやり遂げてね。そして、愛して、愛されて、結婚して、幸せになってね」

これらの言葉は、かつて私がアメリカ人から言ってもらった言葉なので、自然と口から出てきました。泣き声にならずにしゃべれて、ホッとしました。

ローラは、否定も肯定もせずに、別なことを尋ねました。

「ねぇ、私、あなたの国に、言葉も知らずに、行けるかな？」

「もちろん！　あなたは、行こうと思って努力したら、何処へでも行ける！　日本語も中国語も、インドの言葉だって、何でも出来る！」

「ねぇ、いつか、もう一度、会えるかしら？」

「うん、もちろん、会える!」

「でも、私、あなたの顔、見えないのに、街で会ったって、分からない!」

「大丈夫、私が忘れない!」

「でも、私、あなたの名前、忘れてしまうかもしれないのに、どうやって会うの?」

「大丈夫、私の名前、簡単だから。ユとコだけの二音だから……」

ユウは、あなたのYou、コはコーラのCoと説明しようと思った瞬間、頭の中に、パッと白い閃光が走りました。その瞬間、言葉が勝手に口から出てきました。

「私の名前は、ユーコ。ユーはあなたのYou、コは、あなたが私を思い出して(You call me)してくれたら、私はいつでもあなたの傍にいる! 私の名前は、You call、ユーコ。あなたが、私を呼べば、いつでも、あなたの許へ飛んで行く! 淋しい時、悲しい時、独りぼっちと感じる時、いつでも、私を呼んで! 私は、あなたの許へ行く。私はあなたの幸せを祈ってる、あなたの幸せを祈るユーコのこと、思い出して!」

これは、神がローラのために私に与えてくれた言葉だ、と思いました。私の力では、こんな立派なこと言えないのに、神がローラのために私に力を貸してくれたのだ、と感じました。

ローラが細い腕で、私を抱きしめてくれました。そして、"I love you."と両頬にキスしてくれました。私も同じように返しました。抱きしめたら、無くなってしまいそうなくらい細いローラ。

見えないのに、何でも看破できる、天賦の才能を持つ少女。その少女の幸せを祈りました。涙で目が開けられない私は、何も見えませんでした。抱きしめているローラの顔も服も、何も見えませんでした。私も何も見えない！　見えなくても、感じる！

〝感じる心が、瞳！〟。まさに少女から教えられた真実でした。少女に心から感謝しました。

涙でかすんだ目がようやく開くと、初老の男性の黒いズボンが目に入りました。彼は、ローラや私を急がせたりせず、忍耐強く待っていてくれました。

「ローラ、あなたのご家族が待ってるわ。もう行かなきゃ、ね」

首にしっかり巻き付いていた細い腕が、スルスルと解けました。私は少女の手を取り、最後にもう一度、絶対に説得しようと思いました。

「ローラ、今日は本当にありがとう。私、今日、とっても幸せになれた。あなたが、私を幸せにしてくれたから。今度は、あなたの番。あなたが自分自身を幸せにしてね。今日は、本当にありがとう！」

ローラは、最後まで私の言葉を受け入れることを拒否しました。ローラ、何故、うんって言ってくれなかったの。何故、ローラは、自分自身が幸せになることを拒むの？　ローラ、絶対に幸せになって！　自分を否定しないで！と心の中で叫んでいました。

ローラは私に、小さな声で〝さようなら〟とだけ言いました。

ローラの手を初老の男性に渡しました。彼は、私に対して深ぶかとお辞儀をしました。アメリカ人に、冗談にでなく真面目にお辞儀をされたのは、初めてでした。アメリカの習慣では、決して頭を下げてお辞儀などしないのに、東洋人の私に感謝の意を示すためにわざわざお辞儀してくれたのだ、と思いました。私もお辞儀をして応えました。

「お幸せと、ご健康をお祈りします！　さようなら！」

と挨拶して、二人を見送りました。初老の男性は、ローラの手を引き、少女は頼りない足取りで廊下を歩いて行きました。

二人の後ろ姿を見送りながら、私は嵐の中に立っていました。

〝ローラは最後まで、自分は幸せになるって、どうして言ってくれなかったの。私に力がもっとあったら説得できたのに。ローラ、あなたには家族がいるの？　あなたは、ローラの家族？　どうして、ローラをMy daughterって呼ばなかったの？　あなたは、ローラの何？　ローラに、暴力なんか振るってないよね!?　お願い、ローラの力になってあげて！〟

心の中で不安と後悔の嵐が吹き荒れていました。ボランティアは泣いてはならぬ！　歯を食いしばって耐えているのに、涙が溢れてどうすることも出来ませんでした。

二人の姿が廊下の角を回って消えた時、私はトイレに駆け込み、冷たい水で、涙でふくれ上がった目を冷やしました。何度も顔を洗い、気持ちを静めてからプレイルームに戻りました。

このあと担当する子供はなく、手持ち無沙汰となり、そうなると何か重大な過ちを冒してしまったのではないかという不安に襲われ、苦しくなり、プレイルームの責任者に救いを求めました。

「あのー、私、少女に嘘を言ってしまったかもしれない。間違ったこと、一杯しゃべってしまった。どうしよう⁉」

責任者と傍らに居た看護婦の二人は、「今日は、外国人のあなたが居てくれて、本当に良かった。私たちは外国語なんて知らないけど、彼女に外国の話が出来る外国人が居てくれて良かった。アメリカ人には出来ないことだった。あなたの存在に感謝してるよ」と顔を見合わせながら、そう言ってくれて、少しホッとしました。

それは、英語が話せないことに劣等感を抱いている私を励ましてくれる暖かい言葉、と思いました。そして、ボランティアの言動の一つ一つを厳しくチェックしている管理者の存在にも驚かされました。さらに、責任者は言葉を続けました。

「科学的に正しいかなんて、問題じゃない。彼女に、物事に興味を持ってもらうことの方がずーっと大事。興味を持てば、後で自分で調べるじゃない？　勉強したら、それが正しいかどうか、分かるからね。大事なことは、心の扉を開くこと！　目の見えない人に、想像力の翼を与えること。

今日のあなたは、それには最適の人だった。あなたは正しかったよ。今日は、ありがとう」

その言葉を聞いて、嬉しかったです。アメリカに住む異文化人の違和感や文化や生活習慣の違いによる不自然さも、異文化を侮辱したり否定したりせず、尊重し、認め、受け入れてくれる大らかなアメリカ人の態度に感動しました。

私たち日本人は、日本語をうまく話せない貧しい身なりのアジア人には、どう接しているでしょうか？　相手に、日本語を話せないから、という劣等感を与えたり、あなたは異質だからと、差別（区別）したり、同じアジア人に対して、侮辱的で傲慢な態度で私たちは接しているのではないでしょうか。プレイルームの責任者の、異文化人の私に対する優しい態度を見て、改めて日本人としての態度を反省しました。

そして、私たち日本人は、視力障害のある人たちにどのように接してきたでしょうか？　見えないということだけで、無視したり、まるでそこに存在しないかのように、健康な人の集団から排除したり、無意識のうちに異質なもの（異文化や障害等、多数の人と違っている因子を持っている人）を排除してしまっているのではないか、と感じました。

盲目でも、ローラのように素晴らしい感受性を持つ日本の少女たちは、心のスクリーンに世界全ての実像を投影して、その感性は健康な人よりも多くの事実を観《み》ることが出来るということを、日本人は理解しているだろうか？　日本社会の閉鎖性と集団意識の偏重が、盲人の想像力の翼を毟《むし》り取ってきたのではないだろうか、と思いました。

日本のローラたちよ！　あなたたちは、飛べる！　自分の力に自信を持って！　そして、日本の視力障害者たちに翼をあげて！　そう祈りました。

僕の前に道はある

真木　真人

三五歳の時に始めた「回復」への努力は、自分をどういう風に変えたのだろうと今思っている。この八年間は、それまでに過ごした年月を合わせたよりもはるかに密度の濃い時間だった。それは、初めて自分というものに徹底的に向き合おうとした時間だったと思う。

数年前に心に浮かんだビジョンを思い出す。それは、小高い丘の上に立つ僕の前に大きな道が広がるビジョンだ。望めば、道は開かれている。僕はそれを自分の内からの啓示だと受けとった。命がけでやれば道は開ける。人間はそれだけの力を持っている。

この八年間で社会的に大きく変わったことは、子どもの虐待について語られるようになったことだ。八年前には、一部の書籍や活動はあったにしてもマスコミなどで取り上げられることは非常に少なかった。子どもの虐待の報道などもほとんどなかった。

「アダルトチルドレン」のブームを経て、今では新聞の特集や投書欄でも虐待の経験がおおっぴらに語られている。まだまだ一部にすぎないとしても、子どもを虐待した親のニュースが報道される。「傷」を売りものにしているミュージシャンが人気を集めたりもしている。

アメリカ並みになったのだろうか。「虐待」が商品として消費されている感はあるが、仕方ないことかもしれない。この社会では、どんなことでも消費されてしまうのだ。いずれにしても隠されているよりはるかにましだ。

八年前に比べて、僕も変わった。八年前は何がなんだか分からずに、毎日が不安で苦しかった。混乱していた。どうすればいいのか分からなかった。

今ももちろん不安や辛さはあるが、それは生きていく、食べていくための不安であり辛さだ。時々混乱するが、立ち直れるようになった。自分が何をすればいいのか分かっているつもりだ。

以前は、「回復」とは、苦しさの原因となっている身体的な症状や精神的な弱さがなくなり、「本当の自分」に生まれ変わることだと思っていた。「本当の自分」は今の自分と違い、本来の能力を思うように発揮できる傷ついていない「もともとの自分」だ。

しかし今は、「本当の自分」などどこにも存在しないことがよく分かった。ここにいる現実の自分だけが唯一の自分だ。たとえどんなに惨めな存在だとしても、それ以外には存在しない。

岸田秀さんの『心はなぜ苦しむのか』に、「神経症の苦しみと現実の苦しみは二者択一であるという事実……。現実の苦しみから逃避すれば神経症の苦しみを招くということ、神経症の苦しみを解決するためには現実の苦しみを引き受けなければならないということ、……どちらの苦しみをも同時になくする道はないということです」とある。そういうことだと思う。以前の僕は「惨めな自分」という現実の苦しみから逃避していた。

「心の傷」はその人の一部だと思う。傷ついた事実は取り返しがつかないことだし、消すことはできない。できるのは、それから逃げるか、引き受けるかだ。

「回復」とは、「心の傷」がなくなり新しい自分に生まれ変わることではなく、傷ついた自分を引き受けていくことだと思う。傷ついた自分が現実に向かいあい、現実の苦しみを引き受けていくしかないのだ。それは厳しいことだが、そうすることで、現実の自分として成長していける。この八年間で、それが分かった。そういう意味で僕は「回復」している。

僕の傷は父親との関係で生まれた。基本的には、対人恐怖だ。それは、僕の一生を決定づけた。その傷が浅いのか深いのか、人と比べてもしょうがないと思う。その痛みを実感できるのも引き受けるのも、自分しかいないのだから。

父親は、家の外では腰が低く真面目な人、家の中では絶対的な暴君だった。父親はしらふでも恐ろしい存在だったが、酒を飲むと人が変わったように荒れた。

自分の傷については、もう語る気がしない。それは、この八年間で語りつくした。痕跡は残っているとしても、「吐き出す」ことができたと思う。

この八年間でいろいろなことを考え、感じた。これまでの道のりを確かめこれからに活かすために、その思いをなんとか言葉にしたい。

この本を読んでいる方は、傷を自覚し「回復」を目指している方が多いのだろうか。少しでも参考になれば幸いだ。

命がけでやれば、なんとかなる

悲壮がっているわけではない。「精一杯やる」とか「一生懸命やる」ではなく、「命がけでやる」ことではじめて少しずつ前に進んでいけた。少なくとも自分ではそのつもりでやってきた。そうしなければ、もたなかった。どこかで潰れていたと思う。

「回復」を目指し始めた頃はとにかく必死でやっていただけなのだが、この数年間は「命がけでやる」という言葉を意識して身体に染みこませるようなつもりで使っている。よく言霊《ことだま》といわれるが、言葉に魂が宿るのは本当だと思う。不安な時、きつい時、集中しようとする時など、頭のなかで唱えている。他のことを考えないようにする。

「命がけでやる」という言葉を、自分の背骨にしたい。脊髄を貫くイメージだ。

「回復」のためにまずできることは、本を読むことだった。さまざまな文献を読んでいてアリス・ミラーに出会った。救われた。なめるように何度も読んだ。そこには、これまでの苦しみの意味と原因がはっきりと書かれていた。初めて心の奥深いところで共感し、納得することができた。

そして、「初源療法」というミラーが薦める心理療法に取り組んでみようと思った。ミラー自身もこの療法を受けて効果があったという。一人でやることも可能だと書かれていた（『こころの傷は必ず癒える』J・K・シュテットバッハー著、新曜社）。

具体的には、横になり自分の心を探りながら、子ども時代に傷を受けた場面を想起し、声をだして加害者を告発する。後にそのテープを聞き直す。一回三時間。集中してやらなければならないので、週に四回くらいが限度だ。それを約二年やった。

酒もやめ、人とのつき合いも最小限にして集中した。最後はもういいと思った。もうここまでやればいいという気がした。

こういった心理療法による自助努力がどこまで役に立つのか、正直いって分からない。この療法をやって、本に書かれているような成果があげられたわけではない。

ただ僕の場合は、このやり方で心に溜まっていた怒りを「吐き出す」ことができた。怒りの感情にとらわれていると自分や周囲の状況を客観的に見ることができず、前へ進めないと思う。この療法をやり終えた後、父親に対する怒りが薄れ（というか関心が弱まり）、周りや自分のことが初めて見えるようになった。

今考えてみても、療法に集中した二年間は必要な時間だった。怒りを吐き出すために、なくてはならないステップだった。かなりの集中力を必要としたが、一人で怒りの感情を処理するためには効果的なやり方だったと思う。

そして、この療法に集中したおかげで実感したことがもうひとつある。それは、とにかく何かをやり続けていれば見えてくるものがあるということだ。必死でやり続ければ、今まで見えなかったものが見えてくる。そして、次に何をすればいいか分かってくる。心に浮かんでくる。

それまでは、どう生きていけばいいのか分からずに混乱することが多く、不安で苦しかった。誰も何も教えてくれなかった。何かに集中して取り組むとか突き詰めて考えることができなかった。苦しくなると酒に逃げ、さらに苦しくなることのくり返しだった。

この体験以降、わけが分からなくても混乱していても、とにかく「今やること」をやればなんとかなる、道は開けるということが実感として分かった。それは、僕にとって大きな意味があることだった。生きる指針を得たような気がする。

この世に確かなものは何もないと思う。岸田秀さんの「唯幻論」風にいうと、すべては幻想だ。本当に頼れるものは何もない。ただ、命がけでやればなんとか生きていける。そう信じることができた。

「回復」を目指している方は、やったがいいと思えることを、とにかく必死でやってみてほしい。どんなにしんどくてもあきらめずに食らいついてみる。そうすれば、きっと見えてくるものがあるはずだ。

痛みは反転できる

世界は、理不尽で不条理だ。子ども時代に愛情をそそがれた人間とそうでない人間では、その後の生きにくさがまったく違ってくる。その人の資質もあると思うが、単純にいえば、愛されて育った人間は人を愛することができ、愛されることもできる。人を信頼でき、信頼されることもできる。そして、自分の能力を発揮して生きることができる。しかし、そうでない人間は、その逆だ。

それは、考えてみれば当たり前の話だ。人間は何も知らずに生まれてくるわけだから、誰かから教わった通りにしか生きられない。それも子ども時代の刷り込みが大きく影響する。ただ、絵に描いたように愛情をそそがれた人間がいるかどうかは疑問だ。みんな多かれ少なかれ傷ついている。ただ、その程度には大きな差がある。

それでは、子ども時代に愛されなかった人間、痛めつけられた人間は、死ぬまでそのハンディを背負っていかなければいけないのか。どうやっても痛みを知らずに育った人間に勝つことはできないのか。

答えはノーだと思う。「痛み」や「生きにくさ」は反転できる、生きる支えにもなり得る。

例えば僕の場合は、人とうまく接することができず、自分の思いを表現することができなかった。それは、相手が怖いからだ。相手に怒られ傷つけられるのが怖くて、とにかく自分を抑えて我慢するというのが、人に対する基本的な反応になっていた。その反応は精神的なものというよりほとんど身体的なものに近い。相手に対して条件反射的に身体が反応してしまうのだ。具体的には、声がかすれて出ないなどの症状だ。その結果、さらに傷つく。

しかし、その裏返しとして忍耐強さがついた（もともとの資質もあると思うが）。自分をうまく表現できなければ、我慢強く生きていくしかないからだ。

総合的な力は、その人が持っている能力とそれを高める努力で決まる。人とうまく接する能力がなければ、うまく接するように努力をすればいいのだ。

僕の心と身体には、子ども時代の抑圧により「自分さえ我慢すればいい」というメッセージが刻み込まれていた。そのため、生きる力が抑えられ、テンションが低かった。生体を活動的にするという交感神経系の働きが抑制され、自律神経のバランスが崩れた状態が固着していたと思う。

この三年くらい、毎朝夕、氷水を浴びている。最初は喘息の治療のために始めたのだが、喘息はもとより喉の症状に効果があるので続けている。自律神経の失調にいい影響があるようだ。真冬に氷水を浴びるのは辛い。しかしそのおかげで喉の症状だけでなく、身体全体の体調が良くなり、心身の活力がついた。

能力のある人間は、往々にして努力をしない。努力をしなくても生きていけるからだ。逆に能力のない人間は、努力をしなければ生きていけない。それは、努力する能力があるといえるのではないか。

何かをできないということは、何かをできる可能性があるということだ。それには、相当なエネルギーが必要だし、人によっては並大抵のことではないだろう。しかし、そうやって身につけたものは大きいと思う。それは、自分の意志で手に入れたものである分だけ強い。

「心の痛み」は本人の力で反転できると思う。僕のやっていることは大したことではない。だが、「痛み」があるからこそ努力できる。そして、前へ進める。

穂積さんが『甦える魂』を書いたように、「痛み」は人の心を動かすものを生みだし、生きるバネにもなり得る。

人を感動させる小説や芸術を生みだす力は、作者がもっている傷だと思う。痛みをもった人間は、その痛みの分だけ財産をもっているといえるのではないか。傷は個性であり、その人を成長させる原動力にもなる。

生きる「痛み」をハンディからアドバンテージに変換する。口で言うのはたやすいが、実際は大変なことだ。しかし、それが目指す方向ではないだろうか。そうしないと傷の痛みに苦しむだけの生になってしまうと思う。

みんな同じだが、みんな違う

「回復」へのプロセスは、人それぞれだと思う。

僕の場合は、①自分が被害者であることに気づく。②心に溜まった怒りを吐き出す。③被害者意識を捨てて傷を引き受ける――の三つのステップを踏むことが必要だった。

①がアリス・ミラーとの出会いであり、②が初源療法や「つうしん森」への投稿だ。③はそれ以降、このままで生きていくしかないと思えるようになるまでの期間だ。「回復」を意識しなくなるまでの間ともいえる。

いわば自分が被害者であることに気づき、被害者ではないと思えるまでが「回復」の過程だった。そのために怒りの感情を処理しなければならなかった。

自分が被害者だと気づくには長い時間がかかる。それは、そう気づくのが大きな苦痛だからだろう。人間は切羽詰まらない限り、自分に向かいあおうとはしない。ぎりぎりまで楽な道を選ぶ。

僕も、もうどうしようもないと思うまで、自分をごまかし続けた。それなりに生きてきたつもりだったが、今振り返ってみると、それまでの人生はなにか茫漠としている。本当にやりたくてやったことは、何もなかったのではないかという気さえする。ただ「痛み」から逃れようとしていただけだったのかもしれない。

思春期を過ぎて「痛み」の苦しさや不安が増すなかで、毎日をやり過ごすのに精一杯だった。毎年、誕生日がくるたびに去年と何も変わってないと思っていた。いや五年前、一〇年前とも変わってない。不安や苦しさが大きくなっていくだけだ。

その年月は、世界との間に半透明な膜がかかっているような感じだ。膜越しなので世界がよく見えない。何かに触れても感じ方が鈍い。

その期間、どれだけ多くのものを見過ごしてきたか。どれだけ大切なものを感じずにきたか。それは、決して取り返しがつかないことだろう。しかし、そういう風にしか生きられなかったと思う。

②の怒りを吐き出す作業は、決定的に大切だ。吐き出せないほどの大きな怒りに苦しんでいる方も多いのではないだろうか。ただ、やはりどこかで怒りを出さないと前に進めないと思う。

やり方は人それぞれだが、大切なのは、きちんと筋道を立てて自分で納得しながら怒りを出すことだと思う。いわゆる家庭内暴力のように、無闇に怒りを発散することは不毛で逆効果だ。怒りが怒りを呼ぶだけだ。

僕は前述のように心理療法で発散すると同時に、療法の記録として、加害者への怒りを書き続けた。書くことは決してたやすいことではないが、安全で効果がある。怒りの吐き出し方に困っている方は、とにかく書いてみてはどうだろうか。

①と②に関しては、多くの文献で語られていると思うが、③に関してはそうでもないかもしれない。しかし、被害者意識から解放されることは重要なポイントだと思う。

虐待の不条理を見据えるためには、被害者としての視点、立場は欠かせない。だが、被害者としての意識に固執すると、多くのものが見えなくなると思う。そして、傷を個性として受け入れ、生きていくバネとするためには障害になる。

自分は被害者ではないと思えることが、「回復」ということかもしれない。僕の体験では、怒りをうまく吐き出すことができれば、被害者意識は薄れていくという気がする。

「つらしん森」で「みんな同じ」というテーマが取り上げられたことがある。「誰だって傷ついているのだから、くよくよしてもしょうがない。みんな同じだ」というような考え方についてだ。たぶん、世間一般の多数意見だと思う。

僕の意見は「誰だって傷ついている、そして誰だって自分の痛みしか実感できない。そういう点ではみんな同じだ。しかし、誰の傷もみんな違う。人の傷をみんな同じだと言うことは誰にもできない」というものだ。そう言うしかない。

人はみんな心の闇を抱えている。以前は、アリス・ミラーがいうように、そうした闇は子ども時代のアビューズが生みだすものだと思っていた。アビューズがなくなれば憎しみの連鎖が断たれ、人間が変わり世界も変わると。

しかし、話はそう単純なものではないと思うようになった。うまく言えないが、人間は闇を抱えている。それは良い悪いではなく、そういうものなのだ。人は闇を抱えて生きていくしかない。

人は一人で生きられる

一度結婚したことがある。数年間一緒に暮らしたのだが、相手のことを何も理解できなかった。相手も僕のことが分からなかったと思う。それは、自分の弱さを知られて軽蔑されることが怖く、相手をごまかし続けたからだ。疲れるだけで、長続きするわけがない。好きだったが、それだけ軽蔑されたくなかった。

今だったらどうだろう。なんとかうまくやっていけるだろうか。しかし、長く人と一緒にいるとやはり気を遣って疲れる。一人の方がいい。一緒にいて疲れない人っているのだろうか。

「回復」していくためには、どういう形にしろ人との関わりが必要だと思う。僕の場合、人と関わったのは、『甦える魂』を読んで穂積さんに長い手紙を書き、「つうしん森」のメンバーになったことだ。

これは、一人で自助努力をやっていた僕にとって非常にありがたいことだった。書くという行為は自分と向かいあうことだと思うが、書く場があるということは自分を見つめ直す大きな励みになった。

ただ、誰かと直接会って「回復」についての話をした経験はない。グループでの療法も見学したことはあるが、参加する気になれなかった。

対人恐怖がベースにあるためか、誰かに助けを求めることには大きな抵抗がある。頼れるのは自分だけだと思ってきた。他人は危険であり、もうこれ以上傷つけられたくなかった。正直いって、そういった気持ちは今でも強い。

「人に支えられて生きている」という言葉を聞く。本人はそう実感しているのだろう。ただ僕には、その気持ちはよく分からない。そういった建前を子どもに押しつけながら、自分はまるで矛盾した行動をとった父親への嫌悪がまだ大きいのかもしれない。

山口瞳の小説に『人殺し』という作品があるが、そのテーマは、「人と人が関わり合うことは、殺し合うことだ」というものだ。人間関係にはそういう面がある。僕には、こちらの方が分かりやすい。

今、フリーで仕事をやっている。末端の仕事なので、人間がいかに自分のことしか考えていないかがよく分かる。「人に支えられる」どころか、役に立たなければ、ハナも引っかけられない。人間扱いされない。それが現実だ。

人は自分を中心にものを考える生きものだ。それは、しょうがないことだと思う。生きものの最も強い本能が自己保存であることを考えれば、むしろ自然なことだ。

人は自分が生きていくうえで余裕があるか、あるいはそうすることが自分にとって必要である場合に、はじめて優しくなれるし、人を「支える」ことができるのではないだろうか。

それは人間の美点だろう。ただし、あくまでも「自分のため」に人を支えるのだと思う。良くも悪くもそれが人間だという気がする。

人と関わることは大切だ。人とふれ合うことは、大きな慰めになる。しかし、これまで人に支えられたと実感したことはない。それは、そこまで人を信頼することが怖いからかもしれない。

人間関係は、深入りすればするほど傷つく。

人間は、傷つけ、傷つけられるなかで成長していくといわれる。確かに、そうだと思う。ただすでに十分に傷ついている人間にとっては、新たな傷に耐えられる力をつけることが先決なのではないか。

僕のような人間に必要なのは、まず自分で自分を支えられるように強くなることだという気がする。そして、力をつけ強くなるなかで人と人との適切な距離をつかんでいけばいいと思っている。

「人は一人で生きられない」とは思わない。人と身近に関わり合うことが苦手なら、ある程度の距離を保って生きていけばいいのだ。孤独は寂しいものかもしれないが、それは自由であることの裏返しでもある。それに、人間はしょせん寂しい生きものだ。

離婚前に、妻と別の女性を抱いたことがある。ざらざらした感じが残っただけだった。それ以来、女性には触れていない。いや、一度、パーティの帰りの挨拶代わりに軽く抱き合ったことがある。その時の感触は今でも覚えている。優しくほっとする感触だった。そんな感じは久しく味わったことがなかった。生きていくには、そのくらいで十分なのかもしれない。

走り続けること

時々、自分のやっていることについて考える。

脇目も振らずに、ひたすら走っているようなものかもしれない。よそ見したり休んだりすると後退するような不安は、常にある。

実際に、気を緩めるとテンションが落ちて逆戻りしてしまうと思う。ただ、そうした不安や現実生活での痛みを糧にして、走っている。

そして、そういう生活で気力を向上させることにより、社会への適応力のようなものは少しずつだが着実についてきている。生きていくうえでの基本的で現実的な能力が底上げされているという感じだ。今のような生活を積み重ねていくことで、気力の充実した体質になるとともに、そうした能力をいっそう高めていけると思う。

どうしても苦しいようだったら歩いてもいいと思うが、ぎりぎりまで走り続けて一ミリでも前に進みたい。そうすることで、気力も体力も上がってくる、フォームも身についてくる。まだまだ先は長いだろうが、進んでいる道は間違ってないと思う。

こんな風に自分を急き立てるような生き方をしていると、いつかは疲れて倒れたり、「燃えつき」てしまうのだろうか。先のことは分からない。ただ、本当に自分のためにやっているのであれば消耗することはないと思う。「燃えつき」とは、自分から目を逸らそうとするから起きるのではないだろうか。それに、三五年間も休んでいたのだから、もう休んでいたくない。

この頃、強く感じているのは「世の中はバランスをとっている」ということだ。

それは、やることをやればどれだけの時がかかるにせよどんな形であるにせよ返ってくるし、ためたツケはどこかで払わなければいけない、といったことだ。世界にはそういう、気というかエネルギーの流れがあるのではないか。

何かをやらなければ、何も得られない。ただ待っていても何も変わらない。人は、さまざまなことを考える。だが、考えが悩みや苦しみをつくっている。本当に大切なのは、何かを考えることではなく何かをやることだ。何かをやることで、おのずと道は開けていくと思う。

もうひとつ感じるのは、苦しいとき、その苦しさに正面から向かい合えたら、それは「回復」

や成長へのチャンスになるということだ。そして、その苦しみが大きいほど得られるものも大きい。

分かったようなことを書いているが、これは自分がそう生きていきたいということだ。

僕は四三歳で、家族も、パートナーも、友人と呼べるほどの人間もいない。社会的な地位も信用も財産もない。弱くて不安いっぱいの人間だ。気力がなくなれば、ホームレスになるしかない。だけど、これからだと思っている。「冗談じゃねぇよ、こんなんで終わってたまるか」と思っている。

早朝にジョギングしていると、気持ちが広がるときがある。自分が世界と折り合いをつけて生きていけるように感じる。世界が可能性に満ちて見える。いつか、そんな日が来ると思う。

サバイバーに学ぶ——石川義之

筆者は、ここ数年来、社会学の立場から児童虐待、特に性的虐待の問題に取り組んできた。そんな中で、たまたま穂積純さんの知遇を得、「森」のメンバーに加えていただいた。以来、穂積さん、そして「森」の他のメンバーの方々と直接・間接の接触が続いてきたが、これらの接触は、どんな良書に出会うよりも貴重な、まさに筆者にとっての宝であった。

筆者も、長い人生を送るなかで、いやおう無しに、数々の苦境に遭遇し、そうした苦境の直中《ただなか》にある時は、この上ない苦しみのように感じられたものであるが、今にして思うと、所詮、筆者のそうした苦しみの経験は、人間なら誰しも大なり小なり出会うであろう、筆者自身の「閉ざされた」世界の出来事にすぎないものであった。穂積さんや「森」とのお付き合いは、こうした「閉ざされた」世界の外にもっと苦しく残酷な世界が広がっていることを教えてくれた。そして、その凄惨な世界を生き延びたサバイバーたちだけが持つ鋭い感性と力強さも実感させてくれた。

本書における筆者の役割は、研究者の立場からのコメンテータの役割と思うので、以下研究者の立場からささやかなコメントを行うが、背後にこうしたサバイバーたちとの直接・間接の交流を通して学んだ行為者の見地が底在していることを強調しておきたい。暴力の横行する現在の荒廃した世界に風穴を開けうるのはサバイバーの感性と力強さしかない。「森」とのお付き合いのなかで、筆者はこのことを確信したのである。

虐待とは

「森」につどった人々は、子ども時代に、言葉の本来の意味におけるアビュース(abuse)を受けながら、その過酷な子ども時代を生き抜き、さらに、成人後もその辛い後遺症を生き抜いてきた偉大なサバイバーたちである。子ども時代に受けるアビュースは、日本語では「児童虐待」と表記されるが、二〇〇〇年五月公布の「児童虐待の防止等に関する法律」では次のような「児童虐待」の定義が与えられている。

「『児童虐待』とは、保護者(親権を行う者、未成年後見人その他の者で、児童を現に監護するものをいう)がその監護する児童(十八歳に満たないものをいう)に対して、次に掲げる行為をすることをいう。1.児童の身体に外傷を生じ、又は生じるおそれのある暴行を加えること。2.児童にわいせつな行為をすること又は児童をしてわいせつな行為をさせること。3.児童の心身の正常な発達を妨げるような著しい減食又は長時間の放置その他の保護者としての監護を著しく怠ること。4.児童に著しい心理的外傷を与える言動を行うこと。」(法第二条)

この定義は、国家や地方自治体の家庭への権力的介入の法的基準としてみるかぎりなるほどよくできているが、アビュースの原義に照らして考えると問題がないわけではない。

第一に、虐待行為の内容について。日本語の「虐待」に対応するアビュースという言葉の意味は、use wrongly、つまり「間違った取り扱い」ということにすぎない。そして、ある行為が「間違った取り扱い」であるかどうかの判断主体は被害者本人でなければならないし、その場合の判断基準は、被害者自身が当該行為によって受けた「心の傷＝心理的外傷」でなければならない。にもかかわらず、右の条文では、判断主体は、最終的には、被害者の気持ちを斟酌するとしても裁判官を想定しており、しかも、「心の傷＝心理的外傷」は、「著しい心理的外傷を与える言動」というかたちで四番目の虐待類型の構成要素に格下げされている。

ある行為が「虐待＝アビュース」かどうかの判断は、裁判官が外形的基準によって判断すべきものではなく、究極的には、被害者本人が、その行為によって被った「心の傷＝心理的外傷」に照らして自ら判断するしかないものである。そして、「心の傷＝心理的外傷」は、顕著な症状として発現することはあっても、終局的には被害者本人しか知り得ないものである。しばしばこの視点が欠落するがゆえに、「たかがそんなことで……」と、不調を訴える被害者を非難することにもなりがちなのである。人間の心はまことに微妙で千差万別、第三者が「たかが」と思うことで深い傷を負う場合も多い。それを、行為の外形で判断し「たかが」と片づけアビュースの範疇から放逐することは、二次的なアビュースというほかはない。

以上から、「虐待」とは、アビュースの原義に立ち返って再考すれば、「被害者本人が、受けた心の傷という基準に照らして、『間違った取り扱い』と判断した一切の行為」と定義しなければならない。

心の傷は、第三者からは見えない、また場合によっては本人すら自覚できない、その意味で一見蜃気楼=虚像のようなものと思われるかもしれないが、実は、その人の現実の生活を左右し、さらにその人の人生をも決定づける、強大な力をもったリアリティ（実在物）である。本書の執筆者たちは、このリアリティに苦悩し、それと戦い、そして生き抜いた、尊敬すべき生存者なのである。

なお、虐待行為によって受けた心の傷は、被害者本人が幼かったり、場合によっては、現代社会（加害者を含む）に働くさまざまのマインド・コントロールによって、本人が当該行為による傷と意識化できないことがある。その場合、被害者本人が、当該行為を、それから受けた心の傷に照らして「虐待行為」であると判断できなくなる。そのような場合には、心の傷のアドボケート（代弁者）が必要となるであろう。

第二に、虐待行為の加害者について。先の条文では、虐待の加害者は「保護者」に限定されているが、アビュースの原義に照らせば、「間違った取り扱い」と被害者本人が判定した行為は、保護者にかぎらず誰による行為であれアビュースであり、実兄による性暴力を受けた郷さんも、親戚の男の子から同じく性暴力を受けたみなもさんも、やはりアビュースを受けたことになる。

また、社会学の理論によれば、行為者は個人にかぎらず、集団もまた行為者となりうる。つまり、集団における諸個人間の相互作用を集団そのものの行為とみなす考え方である。この理論に依拠するならば、アビュースは、個人行為者によって加えられるものに限定されず、集団行為者が加害者として虐待行為を働くケースも想定できる。たとえば、家族内の個人ではなく家族という集団そのものによる虐待行為も考えられるのである。秋野さんの場合にみられる、父母間の激しい葛藤によって大きな心の傷を負った事例は、家族という集団が加害者となって虐待行為を行ったケースということになるだろう。

法律の条文で、加害者を保護者に限定して処罰や介入の対象にすることはそれはそれでかまわないことだが、アビュース＝虐待それ自体を「保護者」によるものに限定してしまうことになれば、原義的意味で同じアビュースを受けた者を、加害者が「保護者」でなかったという理由だけでアビュースの被害者のカテゴリーから外し、被虐待児に必要な援助からも閉め出すことにもつながりかねない。そんなことになれば、それこそ「差別」ということになるではないか。

権力の格差と子ども時代

虐待行為は、つねに相対的に強い権力を持つ者から弱い権力しか持たない者に向かって振るわれる。「権力」とは、社会学者のマックス・ウェーバーによれば、「ある社会的関係の内部で抵抗を排してまで自己の意志を貫徹するすべての可能性」を意味するという。この場合、「抵抗を排する」とは、生まれた抵抗を押さえつけることだけではなく、抵抗を未然に抑圧することまでを含むであろう。

権力は、社会において特定の集団や個人に集中し他はゼロであるというような配分のされ方ではなく、むしろ階層的・序列的に分配されている。この場合の権力の分配の基準となる主要軸は、年齢軸と性別軸である。年齢の低い者よりも高い者に、また女性よりも男性のほうにより多くの権力が配分されている。したがって、女性でかつ年少者である者が虐待の犠牲になりやすい。本書の執筆者の多くは、そのような構造的弱者の立場に置かれた状況で被害に遭っている。

しかし、この両軸は絶対的なものではない。個人間の権力関係は状況によっては逆転することもあり、父親が年少の息子に殺害されたり、夫が妻の犠牲になったりすることも起こりうる（福山さくらさんの家族の場合はこのケース）。しかし、こうした事態は、「窮鼠猫を噛む」の例えのように、権力的下位者が日頃の抑圧によって鬱積したエネルギーを権力的上位者に向かって一気に爆発させることによって生じることが多い。

また、年齢軸については、高齢化すると権力が弱体化していくのが一般的である（高齢者虐待はこのことに起因する）。したがって、権力は年齢軸に沿ってすっきりと配分されているとは言い難いのであるが、疑いなく古今東西を問わず常に権力的弱者の立場に置かれてきたのは、年齢軸の末端に位置する「子ども」なのである。「子ども」は、他者に依存して生きていくしかない存在で、未だ確立した自我を持たない存在である。かれらは、抵抗のすべをもたず、あるいは抵抗を未然に抑圧されて、容易に他者の意志を貫徹される。こうした「子ども」に対して年長者とくに「大人」が、権力的上位者の地位を濫用し、「虐待」という形でその意志を貫徹することは、至上の「犯罪」を構成すると言わざるをえない。

「子ども」時代は、周りの大人たち、とくに家族と接触し、そのことを通じて子どもが自分を取り巻く世界についての見方を習得していく時期である。ジャノフ・ブルマンとフリーズによると、その世界についての見方の中には次の三つの基本的な仮定が含まれていなければならない。(1)人格的に傷つけられないことが価値があるという信念、(2)世界を有意味で理解可能なものとして知覚する認識、(3)我々自身を肯定的な存在として見る見方、がそれである。

子ども虐待は、「裏切り」「無力化」「スティグマ（汚名）付与」を随伴し、性的虐待の場合にはさらに「セクシュアリティ（性的感情・態度）の歪曲」が付加される。子ども虐待を受けると、子どもたちは、結果として、右とは正反対の仮定、すなわち(1)人格的に傷つけられることは当然とする信念、(2)世界は理解不能な、生きるに値しない無意味なものだとする認識、(3)我々自身を否定的な存在とみなす存在概念、に示される公準を含む世界観を植えつけられてしまう。このことは、被害者たちを往々にして機能不全の不安定状態におとしめる。ここから子ども虐待の被害者には多くのトラウマ（心的外傷）が負荷されることになるのである。

子ども虐待の被害者においては、しばしば、低い自己イメージ、自己への特異感、罪悪感、羞恥心、不安・恐れ、不信感、怒り・敵意、効能感の低下などの心理的損傷が現れてくる。さらに、暴力の再被害化、ＰＴＳＤ・摂食障害・解離性同一性障害などのメンタル・ヘルス上の問題、心身症・身体的病気、性的問題、社会・職業上の問題、薬物濫用・アルコール濫用・自傷行為・自殺などの自己破壊行動、下降社会移動による経済的貧困などに苦しむ場合もある。まさに、無垢の子どもに対して権力を濫用し虐待を加えることは、人間の一生を破壊しつくす至高の犯罪なのである。

しかし、忘れてはならない。皮肉にも、そのような虐待経験は、その虐待経験の苦渋を生き延びたサバイバーに、とりわけ自己の内部で疼く心の傷と虐待経験とを意識的に関連づけえた時、鋭く豊かで美しく詩情にあふれた感性を与えることを。だからみんな被虐待を経験せよということではない。虐待などあってはならないことはもちろんである。けれども、本書に収録されたサバイバーたちの手記を見るがよい。全て文学であり芸術ではないか。このような叙情にあふれた作品を書きうる人物が、精神文化の枯渇した現在の日本にどれだけいるであろうか。

子ども虐待のサバイバーたちは、パーソナリティの土台の形成期にそのパーソナリティの土台部分を破損され、それがゆえに心の最も深層部分に負った傷に長期間苦しんだ人々である。そのためかれらはいつも己の心の深層を見つめてきたし、その深層から常に社会と世界を見返してきた。自省作用あるいは自己言及性は心の深奥部に達し、その深奥部を濾過した他者言及性は必然的に鋭い。そうしたかれらの眼こそが、人間と社会・世界を最も深く捉えうる眼であるにちがいないのであり、サバイバーのその眼が捉えた人間と社会・世界の風景こそ我々全てが謙虚にそこから学びとらなければならないものなのである。

「自己組織性」とサバイバー

社会システム論に「自己組織性」という概念がある。自己組織性とは、システムが環境と相互作用するなかで、あるいは環境からの働きかけがない場合でも、自らのメカニズムに依拠して自己の構造をつくり変え、新たな秩序を形成する性質のことをいう。端的に言えば、外からの働きかけがなくとも、自分の力で自分を変化させうる能力を持つことをいう。この意味で、自己組織性とは、環境決定的ではなく自己決定的であり、環境の働きかけがあろうがなかろうが自分で決定する自律性を内包する。自己組織性の本質は、既存の発想や枠組みでは処理しきれない「ゆらぎ」と、自己が自己に関与する「自己言及＝自省作用」との二つにある。要するに、「ゆらぎ」を契機に、自己に言及し、自らのメカニズムに基づいて、自分自身をつくり変え、新たな自分を創造していくことが、自己組織性なのである（今田高俊『自己組織性』一九八六、を参照）。

サバイバーとは、世界観の形成期に権力の行使によって他者の意志（欲望）を貫徹され、その結果巨大なトラウマを抱え、生存の基盤をぐらつかせる「ゆらぎ」の中を生き抜いてきた人々である。従来、均衡状態＝健康状態、「ゆらぎ」＝不均衡状態＝不健康状態とみなされてきたが、最近の科学観では、不均衡状態の研究が進むことで、「ゆらぎ」の積極的意義が認識されるようになってきた。たとえば、生命工学では「ゆらぎ」は「生きていることの証」とされ、また、熱力学の分野でも「ゆらぎ」が増幅するなかから新たな構造が形成される（たとえば、ランダムな熱伝導から対流構造が組織される）ことが証明されている。

そうなのだ。「ゆらぎ」こそが、人間がほかならぬ自分自身を創造していくために欠かせない「健康状態」なのである。仮に「ゆらぎ」を持たず均衡状態に生き続ける「幸福な」人間がいたとすれば、そういう人間は実は絶えず「不健康状態」に置かれ、なんの人間的発達も見込めない最も「不幸な」人間なのである。（だから、誰でも虐待を受けよ、という意味ではない。）

子どもも虐待のサバイバーとは、子ども時代に虐待を受け、存在すらを危うくする「ゆらぎ」の中に置かれ、そのこと自体はこの上なく悲しいことであるが、それゆえに自己の深層に達する自己言及を行い、被虐待者に沈黙を強いるこの国の文化の中で、基本的に自らのメカニズムに依拠して自己の構造をつくり変え、新たな秩序を自己の中に創造してきた、あるいはその途上にある人々のことである。その意味でサバイバーは、最も自己組織性に富んだ、最も豊かな自己を形成してきた、あるいはしつつある人々なのである。

生物学者のポルトマンが指摘するように、人間は「生理的早産」によって生まれ、生まれた当初は一個の生物学的個体にすぎない。その生物学的個体にすぎない子どもが、個性的な自己として成長できるのは、社会の中で創られつつも、自らの手で自らを創造していくからである。サバイバーは、実はこの「創造」の達人である。不幸にも子ども時代を破壊されたがゆえに、均衡状態に生きた人にはみられない豊かな個性を花開かせているのである。

現在の日本では子ども虐待は大きな社会問題として構築されている。先に述べたように児童虐待の防止法も成立したし、年一回の「日本子どもの虐待防止研究会」には全国から多数の専門家が集まる。全国各地に被虐待児のケアや加害者の相談などに当たる公的・私的な機関や団体も多く設立され、かつこうした機関・団体などの活動もいよいよ活発化してきている。そうした様々の機関・団体で働くワーカーやカウンセラーやその他の専門家たちの血の滲むような日々の努力は真に尊敬に値するし、この問題への深い理解をもった専門家も多数育ってきた。

それにもかかわらず、反面、いわゆる「専門家」に対する不信の声も高い。本書の執筆者の中にも「専門家」による治療を放棄して、自力での回復をめざしてきた方がいる。なるほど、アメリカなどでは「専門家」による施設内虐待がこの一〇年間問題とされ、「専門家」の犯罪性が叫ばれたりしている。しかし、そういうことではない。熱心な「専門家」による「治療」に対して不信の声が聞こえるのである。

転移・逆転移といった難しい議論はやめよう。意識すると否とにかかわらず、また好むと好まざるとにかかわらず、「専門家」とくに「治療者」とクライアントとの間の「治療」場面は、権力という磁力の働く磁場となる。権威（＝正当化された権力）に引きつけられ「専門家」を訪れるクライアントがいる反面、権力のもつ退ける力に押しやられて治療場面を離れる、あるいは「専門家」の許を訪れること自体をためらう被害者も多いのである。思うに、権力の濫用によって他者の意志（欲望）を貫徹された被害者が、新たな権力作用を受けることを回避しようとすることは当然ではなかろうか。事実、筆者がＦＬＣ研究所の村本邦子氏と共同で行った調査では、性的虐待の被害者のうち警察・児童相談所・電話相談を含め専門家や専門機関に相談を持ち込んだのはわずか二・九％にすぎなかったのである。

多くの専門家たちが、クライアントの目線に立って共感の態度でかれらと接しようと日々努力していることは知っている。にもかかわらず、医療社会学の知見が明らかにしているように、治療やカウンセリングなどの場面では、必然的に「専門家支配」という権力作用が働くことを忘れてはならない。そのことを自覚して、専門家たる者は、自己の及ぼす権力作用を縮減する努力を怠るべきではない。

その場合必要なことは、クライアントというのは豊かな自己組織性を秘めた偉大なサバイバーであることを深く理解し、かれらに相対することに恐れを抱き、かれらに対する畏敬の念を忘れないことである。相手が被虐待児つまり子どもであっても基本的に同様である。サバイバーは、ある意味で、「専門家」を自称する人よりも、はるかに大きな「ゆらぎ」を体験し、それゆえ自己言及は深部に達し、その深部から見返し意味づけた、かれらが描き出す世界の風景は、自称「専門家」のそれよりもずっと鋭く、豊かで、迫真の風景なのである。そのことは、本書の一連の手記、また穂積純さんの著作を読めば明らかなことであろう。このことを自覚し、サバイバーに「学ぶ」姿勢をしっかり身につけることが、専門家に宿命的な「専門家支配」という権力作用の自縛から「専門家」自身を解き放つことにつながるであろう。

トラウマの連続性と断層

被害者が、心の傷（トラウマ）を訴えると、「心の傷なら誰にでもある」という反応が返ってくる。そして、疼く心の傷を訴える人をうさん臭そうな目で見る。確かに心になにがしかの傷を持たない人はいないであろう。戦後日本で顕在化した親の養育態度は、「過保護」とそれに基づく「過剰な期待」であったが、「過保護」の中核をなす「過干渉」も「過剰な期待」も子どもの心を傷つける。後者を、斎藤学氏は「優しい暴力」と呼んでいる。その意味では、現代日本に育った全ての子どもが心に傷を受けながら育ったと言える。

しかし、サバイバーの持つ心の傷と「普通の人」のそれとは、単に量的な差にすぎず同質のものであろうか。どうも質的に違うように思える。鮎見時子さんが「こっち側」と「あっち側」と言う時、そういう含意もあるであろう。

社会学者のダイアナ・ラッセルは、インセスト（近親姦）の調査データを重回帰分析という手法で解析し、①性行為の厳しさ（性交を伴うか、どの程度の性的接触を随伴するか）、②父親による虐待かその他の親族による虐待か、③腕力の行使を伴うか否か、④被害者と加害者との年齢差、⑤虐待の持続期間、という五つの要因がこの順序で主観的トラウマ（被害者が意識化できているトラウマ）の深さを規定していることを発見した。

筆者も、性的被害調査のデータを同じく重回帰分析の手法で解析し、①被害開始時期が早いほど主観的トラウマは大きい、②加害者が家族・親族である場合相対的にトラウマは大きい、③加害者が「見知らぬ人」である場合、相対的にトラウマは小さい、④複数の加害者による被害である場合、単独の加害者による被害の場合よりもトラウマは大きい、という四つの命題を摘出した。

他方、社会学のフィンケルホーは、虐待行為に随伴する、①子どもたちの性的感情・態度を歪曲する力、②全面的に依存している人から危害を加えられたことを発見した場合に子どもたちの内面に働く力としての裏切られたという心の動き、③子どもの意思・願望・効能感を犯す無力化の力、④それとなく暗示される否定的な意味――たとえば、悪いことだ、恥ずかしいことだ、罪深いことだといった暗示的意味――が、子どもに伝えられ、その自己イメージの中に組み込まれていくスティグマ付与の力、の四つを、「トラウマを生成する原動力」として捉え、これらの原動力が、子どもの自己概念・世界観・感情能力を歪めることによって、かれらにトラウマをつくり出す、と述べている。

おそらく、この「トラウマを生成する原動力」の強さ・激しさに基づいて、さらに右に指摘した、被虐待内容の厳しさの程度、加害者のタイプ、物理的力の行使如何、加害者との年齢差、虐待の持続期間、虐待開始時期といった諸要因にも規定されながら、被害者に負荷されるトラウマの量的な差異が生み出されてくるのであろう。

もちろん、これは科学的知見に依拠する一般論であって、実際には、客観的には弱いと見なされる「原動力」で、しかも、家族以外の年齢の近い他人によって、物理的力の行使を伴わない非接触の虐待行為を、比較的短期間、しかも高い年齢段階で受けた場合であっても、甚大なトラウマを背負うこともある。特に、非接触の虐待のうち、言葉の暴力については、人間は言葉を媒介としたコミュニケーションの中で自己を形成していく存在であるので、福山さくらさんの例にみるように、それが存在自体を脅かすことにもなることに注意を要する。したがって、科学的な一般論で個々のケースを判断するのは禁物である。ただここでは、科学的知見に基づく「一般論」としては以上のように言えると、指摘しているにすぎない。

ともかく、それぞれの人々が背負っているトラウマの「量」に差異があることは間違いない。そのトラウマの「量」が一定の沸点を越えると、トラウマの「質」的変化が起きるのである。フリードリヒ・エンゲルスは、自然弁証法の主張の中で、ヘーゲルから学び、自然界における「量と質との相互転化」の法則を樹立した。たとえば、水の量的規定としての温度の変化によって、「水から水蒸気への転化（とその逆）」が起こる。原子量の変化によって諸元素の化学的諸性質に変化が生まれる。また、社会学者のエミル・デュルケームも同様の指摘をしている。社会の人口量とその密度が一定量に達すると、社会は「環節型」社会から「組織型」社会へと質的変化を遂げる、と。まさしく「量」的変化は「質」的変化を生み出し、「量」と「質」とは「相互転化」するのである。トラウマも「量」的に増大し一定の限界を越えると「質」的転化を遂げてしまうのである。

サバイバーは、「普通の人」と比べて、ただ多くの「量」のトラウマを抱えているだけではない。その負わされたトラウマは「量」的に膨大で沸点を越えているがゆえに、水という液体が蒸気という気体に転化するように、「質」的に異なるトラウマに転化している。このことは、サバイバーが（否定的意味で）「特異な」人物であるということではない。本書の執筆者の一人が指摘しているように、サバイバーはしばしば「特異感」を持つという。「特に優れている」という肯定的意味でなら、そのとおりである。けれども、否定的意味で「特異な」という言葉を使うなら、それは、こうした甚大なトラウマを負わせた加害者の側にこそ向けるべきであって、なんの罪もない被害者であるサバイバーに向けるべきものではない。

こうして、サバイバーは、「質」「量」ともに大きく厳しいトラウマを負わされたがために、逆説的に、人間の心と人間の生きる世界について透徹した慧眼を持つ「詩人」の地位を獲得したのである。(サバイバーも回復するにつれてトラウマの量を縮小させていくであろう。その量的縮小が一定の臨界点を越えたときに再びトラウマの「質」的転換が起こる。しかし、それは「普通の人」と同じ「質」のトラウマに回帰するということではない。ひとたび地獄を見たサバイバーの魂は、量的縮小の臨界点を境に一層高次のものにトラウマを昇華させる。サバイバーはなお一層鋭い洞察力を備えた「詩人」の地位に上昇するであろう。まさに、艱難は人を玉にするのである。)

確かに、トラウマは誰にでもある。その意味では、トラウマは連続体である。しかし、サバイバーと「普通の人」との間のトラウマは質・量ともに異なっているという意味で「断絶」「断層」をもつ。その「断層」を無視してサバイバーを「連続体」の中に組み込み、「心の傷など誰にもある」と断ずることは、例えて言えば、指に掠《かす》り傷をした人が、重体の負傷者に向かって「傷ならオレも負っている」と言うようなものであろう。

ただ、心の傷は多かれ少なかれ誰でも持っているという事実は、「普通の人」がサバイバーを理解する上での拠り所とはなりうる。サバイバーは、質・量ともに巨大で厳しいトラウマを背負ったために大きな「ゆらぎ」の中にあり、それゆえに研ぎ澄まされた自己言及と他者言及は人間と世界の真相に達し得ている。サバイバーが把握した人間と世界の構図こそ、現代の暴力に満ちた文化と世界を変革するための拠点である。

我々全ては、その構図を学び、そこから実践の指針を汲み取らなければならない。サバイバーの主張とその生きざまから謙虚に学び実践することこそが、社会と文化と世界を正しい方向に導いていく。

そして、サバイバーに学ぶ姿勢は、全ての人が、質・量とも異なるとはいえ全ての人の中にある心の傷を静かに深く見つめることから育まれていくであろう。

「森」のこれから——

穂積　純

この本は冒頭の「この本のなりたち」に述べたように「森」の活動から生まれたものですが、その「森」の活動は、二〇〇一年九月一五日のこの本の出版をもって無期限のお休みに入ることにしました。

その間の事情を説明したのが、二〇〇〇年一一月の私からの手紙です。「この本のなりたち」と重なるところもあるのですが、本来なら「森」の皆さん全員へ出すべきところを、私の体調が非常に悪かったため出し切れなかったということもありますので、ここに再録することにしました。

「森」の皆さんへ

秋を感じる頃になりました。いかがお過ごしですか。

今日は二つお伝えしたいことがあって、最新の一三号まで進んだ方、途中の方、休んでいる方を含め、皆さんにこちらからお手紙を差し上げることにしました。

一つは「森」の本を作る作業について、もう一つは私の方に思いがけない可能性が出て、「森」の活動の見直しをせざるを得なくなったからです。

「森」の活動について

『甦える魂』が出た時から、英訳版を出したいと翻訳者をずっと捜してきました。それが偶然にも、ヘレン（アメリカのカウンセラー、古い友人）の息子フレッドの上司が日本人で、第二作『解き放たれる魂』の翻訳をしてみたいという話があり、この四月にアメリカへ会いに行きました。結果はうまくゆきませんでした。プロの翻訳者に頼むとどうなるのか日本で調べたところ、へたをすれば五〇〇万円ということでした。

五〇〇万円払うくらいなら（そんな大金はないけど）、そのお金で英語を勉強しなおして自分でやるわ、でも私の英語力でまさかね、英語版夢見たことが間違いだったのかと悶々としていたところに、アメリカのお母さん（アメリカ留学時のホスト家族）から手紙がきました。

「あきらめるな、きっと道は開ける。翻訳を自分でやれ、こちらでサポートする。私たちで『委員会』を作って英語をチェックする。必要とあれば来なさい」

地球の反対側でちょうど同じ時に、お母さんは私と同じこと、いえ、それ以上のことを考えてくれていたのです。

結論だけ言いますね。不可能な夢かもしれない。もう一度あの日々を生きる、それを考えると身がすくみました。でも人生が、やれといっているのかもしれない。今回の引っ越しで思いがけず回復のための「最後の橋」を渡り切り、夏にそのお祝いの儀式も済ませた、その時に来たのですから。

一時は、体調を壊すほど悩みました。

でも今では、どこまでやれるか分からないけど、お母さんもとびっきり元気とはいえ、もうすぐ八二歳、ヘレンにも英語をチェックしてもらうことになるけれど、彼女は八四歳です。二人にはどうしても読んでもらいたい。目鼻がつくまで生きていて欲しい。できることなら今日にでもアメリへ行きたい。お母さんとお互いを楽しみながらやる中で何か良いものが生まれるような、そう考えるようになりました。

気味悪い人から距離をとるため前のアパートを出ましたが、そのおかげでまるで奇跡のように「最後の橋」を渡り切れました。それを思えば人生なにが起こるかわからない、一三号で書いた'Who knows ?!'の精神――「楽天性」に自分の根本回路を切り替えました。

「楽しんで」やってみよう。ポイントになる部分だけでも訳して、『回復への勇気』を出した出版社に持ち込めたら……。

ということになると、この年で英語の勉強のやり直しです。二〇年以上アメリカに住み、翻訳が趣味、仕事も福祉、結婚相手が非行問題を扱う米人弁護士で、僕も手伝うからやりなさいと言っている人でさえ躊躇した量と内容を、高校時代に一年留学しただけの私が訳すのですから、全力を尽くさなくてなりません。

少なくとも二、三年は集中してやってみたい。

それで「森」の活動は、本を出すことをもって一つの区切りとさせてもらいたいのです。

感じておられた方もいると思うのですが、「森」は転換点にきています。

最先端の人には、分かち合うだけではもうもの足りないでしょう（でもだからこそ自分で何かを始めざるをえないだろう、そのねらいもあってこちらから具体的な提案をあまり発信しなかったのですが）。

それより問題なのは、芽生えたばかりの人にとって後を追ってくるのは、もう遠すぎるのではないか。勇気を振りしぼって「森」に来る方を、かえってつらくさせているのではないだろうか。

一度すべてを御破算にして、スタートラインをそろえた方がよいのでは。私一人が扇の要の形では無理なところまで成長してきたのではないか。

ではどうすればいいのか。本を出すまではできても、それ以上は私にも見えませんでした。

地震の年から五年、夢中で「森」をやってきてさすがに私も疲れ、それ以上にこの夏に「本当の終わり」をすませた、その深い深い疲れがあります。

今までとはまったく違う心や頭や体の使い方をしてみたい。そうすれば元気になれるかなあ。

そんな時に来たお母さんからの提案でした。

英語版が出版されれば、日本の現状を変えるためにもっと力になるはず。そういう意味で、別の角度からの「森」の活動だと位置づけて、でももう決して無理をせず、苦しまず、「楽しんで」やってみたいと思います。

自分はもうこれで「森」を卒業するという方もあると思います。

そういう方には、心からおめでとうを贈りたいと思います。

本当のことを言って、私もこれで終わりにしようかと一時本気で考えました。

でも一方で、「森」が存在していること自体が勇気の源だという方もいるのです。「森」の本が出れば、そう思う人たちはもっと増えると思います。

ですから、とりあえずお休みということにして、考えてみようと思っています。

ということになると、本は五年間の活動の締めくくりということになります。

私がなぜ「森」の本を作りたいと強く願ってきたか。

それは何よりもまず、こんな見事な人たち、その美しさをどうしても世に出したかったからです。皆さんから素晴らしいお手紙をいただくたびに、「見てくれ、私の仲間たちとはこんなに見事な人たちなんだ！」と何度思ったかしれません。

でも多くの人が、自分は醜いと感じている。自分の過去、自分の人生は醜いと思い込まされている。この本は、そういう人たちへの「森」からの最大の贈り物になるでしょう。

また世の中の「サバイバー像」は、気の毒な、かわいそうな、助けてあげなくてはならない人たち。それではすべては一時の流行に終わるでしょう。

私から見えるSURVIVORとは、「現代の虚無」を先進的に生き抜き、健全な「森」を、自分を核にして自分の生きている周囲に作りあげる人たち。

それを知ってもらう時、はじめて私たちは本当に手がつながると思うのです。

ぜひ力を合わせて、そういう本を作りましょう。何も特別なことをする必要はありません。「森」で分かち合ってきたあるがままでいいのですから。

私としては、被害を受けた当事者以外のメンバーの方たちにもそれぞれの立場から語ってもらい、普遍性をより鮮明にしたいと思っていたのですが、出版社は社会学の立場から性虐待問題を研究し「森」でも発言された石川先生に書いてもらいたいとのことでした。ページ数から考えると、一人だけになるのもやむをえないでしょう。

私の「改姓名」裁判を手伝ってもらった弁護団の人たちとも会って、意見を聞きました。虐待関係の本がたくさん出ているのに、あえて「森」で本を出す意義はあるのだろうか、とまず聞きました。答えを聞いて、目が覚めるような気がしましたよ。

「本がいっぱい出ているというけど、被害者側の風景を僕たちも知らない。僕たちが知っているのは、自分たちが関わったその断片だけだ」

江藤さんも佐々木さんも、大阪でもっとも先進的な弁護士で（ということは日本でトップクラス）、今では大阪府と大阪市の児童虐待問題顧問役のようなえらいさんなのです。その人たちでもそうなんだぁと、この答えには驚きました。また「つぅしん森」をずっと読んで自分たちの仕事に役立っているとも聞いて、とても自信が湧きました。

「今すぐできなくても、五年後に出たとしても意義がある」

「今では一般の人も、児童虐待が深刻な問題だと認識するようになった。でももう一つ先、つまりその後には実際どうなるのか、何が起こっているのか」

「つらかったことだけでなく、嬉しかったこと、元気でやっている人もいるはず。そういうのも聞きたい」

またカウンセラーの岡田さんは、「関わる人たちが、どうしたらいいか分からない、無力感、罪悪感などから離れてゆく。憶病になってこの問題から手を引き始めている。心ある人たちが、どうしたら寄り添い、続けることができるか。私たちも勇気や励ましがほしい。そのための成功体験になるようなエピソードがあれば、ぜひ聞きたい」ということでした。

私たちと、心ある人たち、現状をなんとかしたいと思っている人たちを結ぶ「橋」になるような本を作る。それは「森」だからこそできる本ではないでしょうか。

岡田さんは、これだけ自分を見つめ、それを言葉にできる人たちがこれだけもいるのが「森」のすごいところだ、と言ってました。

告発、防止、希望、勇気、連帯、そんなメッセージいっぱいの本にしましょう。

石川先生は、結局これは「意識革命」だとおっしゃっていました。

まとめますと、

▼英語の勉強に集中します。四月に、とりあえず三カ月くらいアメリカに行く予定です。できるだけ「森」の整理をしてから行きたいと思いますが、体力気力がどれだけ戻っているか。「森」の本を作ること、これは全力で必ずやりとげますが、それ以外のことは、英語版が片付いてからにでも……。

▼本の原稿は、まず自由に思う通りに書いたものを送ってください。
私と高文研で選ばせてもらって、その後はその方たちと連絡を取りながら完成させることになるでしょう。

本の印税の配分などは、出版界の慣行に基づき高文研にすべてお任せしましょう。一部は「森」の基金にしたいですね。
▼それ以外の原稿は、特集号ということで一つにまとめたらどうでしょう。
「森」の本が出れば、今までのを見たい人も増えるでしょう。私がお休みですから、これまでのように毎回の申し込み制にせず、希望する人に送っていいでしょうか。また、本が出たその後を知りたいでしょうし、読者からの手紙をどう分かち合うか。こういったことをやるには、事務を引き受けてくれるところが必要ですが――。
▼新しい人たちへはこの事情を話したうえで、「森」の本の出版まではできるだけ対応してゆきたいと思っています。

明日は自分がどこにいるのか、明日はちゃんと生きているのかさえ分からない、回復途上の本当に苦しい日々の中でやってきた「森」です。いま振り返れば、見えなかったこと、不十分なところ間違ったところも多く、でも申しわけないのですが新しい旅に出ます。

いつこちらからまた「森」として発信できるかわかりませんが、私にとっても何度も「森」は生きる力だった。皆さんから悲しいけれど美しいお手紙をいただくたび、どれほど心が震えたか、誇りで胸が一杯になったか。

第三作『拡がりゆく魂』もいつか必ず書くつもりです。「回復って和解だと思うんです」と私が語る場面が、第二作のはじめに出てきます。アメリカでも、回復とは自分との和解だと考えられているようです。

でも今は、それを間違いとは言わないけれど、訂正しなければならない。これから歩み出す人たちのために「回復」の全体像をきちんと明らかにしよう——それが『拡がりゆく魂』の主要テーマの一つです。

皆さんのこれからの日々が、祝福されたものでありますように！

五年間、ありがとう！

といっても、アメリカに行きっぱなしではありません。「森」の本を作るのも、私一人にさせないで、力を貸してくださいね。

さみしさ、心細さがあり、名残り惜しく……。

でもいつか、「森」が再開するとしたら、それは今とは違った形で、そしてお互いに新しい人間としてでしょう。

それまでどうぞ、皆さんお元気で！

私の仲間が「森」であったこと、心から誇りに思っています。


（二〇〇〇年一一月三日）


以上のような手紙を昨年一一月に出して、その五カ月後、今年四月から六月いっぱい、アメリカに行ってきました。

アメリカでの結果を簡単に報告します。

わずか三カ月でしたが、これから勉強を続ければ、私でも基本的な翻訳はできるという自信を持てました。

それを、アメリカのお母さんの二番目の娘さんがチェックしてくれます。意味あることに関われるのは嬉しい、光栄だと言ってくれました。「姉妹であると同時に、これからはパートナーね」と彼女の方から言ってくれ、堅い握手をしてきました。

さらに、英語に堪能な南さん（『甦える魂』を世に出してくれた大切な友人）が、私たち二人のやったものをチェックしてくれます。彼女はいま海外特派員生活です。忙しいのが分かっていたので諦めていたのですが、南さんの方から申し出てくれました。思いがけない、嬉しいことでした。

そしてさらに、思ってもいなかったことが起こりました。レオナルド・ディカプリオが知的障害を持つ少年を演じた映画『ギルバート・グレイプ』という作品をご覧になりましたか？　私の大好きな映画ですが、そのシナリオを書いたアメリカの脚本家・小説家であるピーター・ヘッジズが、その翻訳原稿を読んでくれることになったのです。ピーターはヘレンの友人の息子さんで、もっと偶然なことに、アメリカのお母さんの家のすぐ裏の通りで高校卒業までの子供時代を過ごしたのです。今回、ニューヨークで会い、英訳したものを見てもらいました。

それ以後のことはどうなるか分かりませんが、ここまでできたのです。あとは私が精一杯やるだけです。

感情や体の感覚が戻っていることだし、過去に戻るのはつらいだろうとは予想していましたが、今回アメリカで一部を翻訳してみて、鬱にはなりませんでしたが、体の変調をきたし何度も倒れました。まさに命を削っての作業でした。自分の英語力の問題もあり、これは全身全霊をかけなければできない仕事だと痛感しました。

また引っ越しが「最後の橋」だと思っていましたが、アメリカに出発直前の三月にもう一つ「橋」を渡りました。これによって私の回復への長い長い旅がついに終わりました。

「森」の〃宝物〃の一人であったある若い男性の、哀切でしかし勇敢な生と死と深い思いを託され、それを自分なりに受け止め切ったと思った時、自分が予想していたのとはまったく違うかたちで終わりがやってきました。（今回も表紙カバーは私のイメージをデザインしてもらいました。そこに「種としての人間との和解」を反映させましたが、読み取っていただけるでしょうか。）

いま私は、「回復」とは何かを、確信をもってその全体像を語ることができます。

私のはじめての本『甦える魂』そして『解き放たれる魂』、これから書こうとする『拡がりゆく魂』は、三作で一つの作品であり、英訳をすぐにでも始めるつもりでしたが、その前に『拡がりゆく魂』を書かねばなりません。

長年の闘いの疲れでしょうか、自分の体力の衰え、英語版を出すのは九九・九％不可能と著作権の専門家からも言われています。これからは書くこと、翻訳することに残された全力を注ぎたいので、このまま「森」を続けることはできません。

再開のことは、そのすべてが終わった段階で考えたいと思います。

けいついの異常が見つかったとき医者から言われていた、腕の痛みしびれがこのところ顕著になりました。もう「森」の皆さんへお手紙を出せませんので、この場を借りて報告します。

「森」のお金について

一一月段階では約九万円ありましたが、前金として何人かの人から預かっていた三万円余を返し、また毎月の私の作業代（交通費二〇〇〇円、作業代二〇〇〇〇円）、そのほか不足分のコピー代、本を作るための雑費などを引くと、いま現在一万九五〇六円です。九月一五日に改めて清算した上で、残金はこの本を読んでお手紙をくださる方へ、絵はがきを差し上げるためなどに使いたいと思います。

つうしん一四号について

この本のために書かれた手記が、ほかに三編あります。スペースの問題などで割愛せざるをえなかったもので、書いた方のお気持ちを考えると、そのままお返しするのは忍びなく、「森」の外に向かって書かれたものでご本人たちの了承を得ましたので、それをコピーしただけのものですが、一四号として希望する方にはどなたにでも送ります。申し込み方法は――、

●申し込み先＝〒101-0064　千代田区猿楽町2-1-8　高文研気付　「森」係

●代金＝郵便為替五〇〇円分（一四号の方にはこの中から原稿料を払います。またコピー代、作業代なども含みます。）

＊それとB5サイズの用紙の入る大きさの返信用封筒（それには二〇〇円分の切手を貼り、ご自分の住所名前を必ず記入のこと）を必ず同封してください。

それ以外の「つうしん森」について

一号から一三号までの「つうしん森」は再開の時が来るまで、封印させていただくことにします。

なにか良い方法はないかといろいろ考えましたが、「森」は穂積純という人間への信頼の上に成立した場、その上で一人一人の魂が語られた場です。今までは私が申し込む方たちを見てその上で送っていたのですが、私が活動を休止することにより、送って安全かどうか、これからはそれを確認することができなくなります。それでは「つうしん森」で発言した方たちを守ることはできません。

また「つうしん森」はたんなる読み物でも資料でもありません。私はもう申し込みのお手紙に返事を添えることはできません。となると、ただ機械的に申し込み、送られるものを読むということではどれだけ回復に役立つでしょう。

そういうことを考えると、封印すべきだと考えるようになりました。

「森」の仕事は、はじめはすべての作業を一人でやっていました。やってゆく中で、ワープロを担当してくれる人、町のコンビニに行ってコピーを一枚一枚とってくれる人、イラストやレイアウトをしてくれる人と、次第に増えてゆきました。

けれど、申し込みに添えられたお手紙を読む、返事を書く、そのやりとりの中から通信を作りあげ、メンバーに送るという核の仕事は、私一人でやってきました。

代わりの人は育てられなかった。それは「森」の限界でもあります。

でもそれでいいのだと私は思っています。「森」は全体として目標を掲げその達成をめざす組織ではなかったし、社会への直接の働きかけをめざすという意味での運動体ではなかった。

この六年、休むことなく、毎週毎週、時には一〇数通も届く思いのたけの込められたお手紙に返事を書き続け、「森」を発信し続けることができたのは、それぞれの方が自分の持つ強さに目覚め、「森」においてあのとき以来失われてきた人と出会う、そして自分が生きているその場で、自分の回復、自分の闘い、自分の「森」を生み出す主体となってゆく、そんな人たちが育ってゆくことを願っていたからです。そして、そんな小さな「森」がふえていくことが、社会を深いところから変えていくと考えていたからです。

ある人は訴訟を起こし、ある人は社会からの引きこもりとも見える「長い休み」を取り、ある人はベッドに罪人のように拘禁され、ある人は穏やかな自分の生活をつくれる時がきて「森」を卒業していき、ある人は起きることもできずただ今日という日を死なないでいる、ある人は、自分の地域で「森」を参考にした活動を始め……。

そういうことを個人的な行為としてではなく、「森」の活動と位置づけてくださいと言ってきました。一人一人の生き様の総合計こそが「森」の活動だと私は考えていたのです。

それが「森」自体を進化、分化させ、深めていったのだと思います。このことは「森」にやってこられた多くの人たちに理解されたと思うし、またこの本の中で「森」は生きている。

一九九四年六月に『甦える魂』を出版して以来いただいたお手紙は、段ボール二箱に入り切れないほどあります。私のかけがえのない宝物です。地震やその後のたび重なる引っ越しにも、一通も無くしてはいません。

また「森」の活動は、たくさんの方々の寄付、切手や絵はがきやレターセットなどの差し入れがあったからこそ経済的にもやってこれました。

ここに改めて、皆さんに感謝を捧げたいと思います。

皆さんの闘いが必ず実を結び、私たちの日常の日々こそが社会を変えてゆくことを信じて。

二〇〇一年七月三一日

穂積　純

［追記］

『甦える魂』以来、いただいたお手紙には必ず返事を書いてきました。その数はゆうに二〇〇〇通を越えます。けれど申しわけないのですが、これからは以上のような事情でお返事を書くことはありません。

ただお手紙をくださるそのお気持ちを考えると、絵はがきだけは送りたいと思います。とくに何も書きませんが、確かに届きました、読ませてもらいましたというしるしです。その際は、穂積純では不都合なこともあるかもしれませんので、「森美樹」という名前で出します。これからの生活がどうなるか分かりませんし、体調の悪いときもあり遅れるかもしれません。汚い鉛筆書きの字しか書けませんし、娘にあて名を代筆してもらうかもしれません。

なお、この本で発言している方たちへのお手紙は、ご指定の方へ高文研さんから開封せずそのままで転送されますので、必ずどの方へのお手紙かを表に明記しておいてください。

虐待と尊厳
——子ども時代の呪縛から自らを解き放つ人々

●二〇〇一年九月二〇日————第一刷発行

編　者／穂積　純

発行所／株式会社高文研
東京都千代田区猿楽町二―一―八
三恵ビル（〒一〇一―〇〇六四）
電話　03＝3295＝3415
振替　00160＝6＝18956
http://www.koubunken.co.jp

組版／高文研電算室
DTPソフト／パーソナル編集長 for Win
印刷・製本／三省堂印刷株式会社

★万一、乱丁・落丁があったときは、送料当方負担でお取りかえいたします。

ISBN4-87498-264-6　C0011